Félicitations
à Jacques Demers,
à tous les joueurs
et à la direction des
Canadiens de Montréal

Denis Brodeur

24

30 ANS de photos de HOCKEY

Conception graphique de la couverture: Gaétan Venne
Photos de la couverture: Denis Brodeur

Coordonnatrice de l'édition: Linda Nantel

Maquette intérieure: Josée Amyotte

Infographie: Josée Amyotte, Johanne Lemay et Dominic Pagé

Révision et correction: Marie-Pascale Auclair, Nicole Raymond et Sylvie Tremblay

Légende des pages 2 et 3:
Les Canadiens de Montréal, champions de la coupe Stanley en 1993. Denis Brodeur a croqué cette scène sur la glace du Forum, le 9 juin 1993.

Données de catalogage avant publication (Canada)

Brodeur, Denis

Denis Brodeur: 30 ans de photos de hockey

ISBN 2-7619-1105-9

1. Brodeur, Denis. 2. Joueurs de hockey - Photographie. 3. Hockey - Photographie. 4. Photographes - Québec (Province). I. Daignault, Daniel 1958- . II. Titre.

TR681.H62B76 1993 779'.9796962'092 C93-096874-3

Distribué par:
SÉLECTION CHAMPAGNE INC.
7725, Cordner, #115
Ville Lasalle
H8N 2X2
Tél.: (514) 595-3276
Télécopieur: (514) 595-3279

Dépôt légal: 4e trimestre 1993
Bibliothèque nationale du Québec

ISBN 2-7619-1105-9

DENIS BRODEUR

30 ANS de photos de HOCKEY

TEXTES DE
DANIEL DAIGNAULT

LES ÉDITIONS DE L'HOMME

PRÉFACE

Il y a belle lurette que Denis Brodeur et moi nous connaissons, bien avant en fait qu'il ne fasse ses débuts comme photographe. Je m'en souviens encore, c'était en 1948: nous étions coéquipiers au sein de l'équipe des Tigres de Victoriaville. Puis, l'année suivante, nous avons été adversaires. J'ai constaté alors que Denis était un gardien très habile, difficile à déjouer…

Par la suite, j'ai eu la chance de découvrir comme tout le monde ses qualités de photographe de sport. Denis a photographié quatre conquêtes de la coupe Stanley alors que je portais les couleurs des Canadiens et, chaque fois, j'ai apprécié la grande qualité de ses photographies et son professionnalisme.

Ce livre, j'en suis certain, vous permettra d'effectuer un très agréable voyage dans le monde du hockey à travers les yeux de ce photographe, l'un des meilleurs et des plus sympathiques que le Québec ait connus.

JEAN BÉLIVEAU

Denis Brodeur n'a pas eu l'occasion de me photographier alors que j'évoluais pour les Canadiens, car il en était à ses tout débuts dans ce métier. Par contre, après ma retraite au terme de la saison 1959-1960, j'ai été très souvent photographié par Denis lors de divers événements. Nous avons même, au début des années soixante, joué ensemble au sein d'une équipe d'anciens joueurs québécois de la LNH à laquelle il avait été invité à se joindre. C'est alors que j'ai appris à mieux connaître l'«homme derrière la lentille».

Si vous êtes impressionné par les nombreuses photographies contenues dans ce livre, dites-vous bien que vous le seriez tout autant par le photographe lui-même, un chic type qui s'est toujours fait un devoir d'exercer son métier avec beaucoup de discrétion et le plus grand respect des athlètes.

Bravo pour tes 30 ans de carrière, Denis. Je suis persuadé que ce livre, grâce à tes photographies et aux textes de ton collègue Daniel Daignault, saura être apprécié par une multitude d'amateurs de hockey du Québec.

MAURICE RICHARD

La première fois que j'ai rencontré Denis Brodeur, je jouais encore pour les Remparts de Québec alors qu'il était photographe au Montréal-Matin. *Denis a été présent tout au long de ma carrière, et nous avons toujours eu beaucoup de plaisir à travailler ensemble. Je ne peux pas me souvenir de toutes les circonstances où il m'a photographié, tellement nos rencontres ont été nombreuses, mais une chose est sûre, la qualité de son travail m'a toujours grandement impressionné. Il a capté des moments importants de ma carrière, et je conserve précieusement toutes ses photographies.*

Il m'est arrivé aussi de lui faire des demandes spéciales, comme lors de la présentation du match des étoiles au Forum en 1993. J'avais demandé à Denis de me photographier devant la coupe Stanley en compagnie de Maurice Richard et de Jean Béliveau. Cette photo est remarquable; elle a même inspiré le peintre Michel Lapensée qui en a fait une très belle toile.

Je suis heureux que Denis m'ait demandé de signer un billet pour ce livre qui en mettra sûrement plein la vue à tous les amateurs de hockey. Denis Brodeur est devenu un ami sincère avec les années, un homme qui a toujours été passionné par son travail, ce qui explique sans doute la grande qualité de ses photographies.

GUY LAFLEUR

Enfant, je répétais à tout le monde que mon grand rêve était de devenir journaliste de sport. Plus précisément, mon ambition était de «couvrir» les Canadiens. Le destin en a voulu autrement: c'est dans le domaine artistique que je me suis fait connaître en tant que journaliste de médias écrits et électroniques.

Alors pourquoi ce livre? Parce que j'ai toujours été un fervent amateur de hockey, parce que j'ai souvent été ébloui par les photographies de Denis Brodeur, que je connais depuis plus de 10 ans. L'idée est née au printemps de 1992 alors que Denis et moi discutions hockey et photographie. Aujourd'hui, vous tenez entre vos mains un livre unique dans l'histoire de la photographie de sport au Québec.

Cet ouvrage vous fera découvrir plus de 400 photographies réalisées par Denis Brodeur, de Jean Béliveau à Alexandre Daigle, de Jacques Plante à Patrick Roy, pour ne nommer que ceux-là. Ce livre est aussi un document qui vous permettra de revivre plusieurs moments importants de l'histoire du hockey professionnel, d'apprécier en textes et en photos les exploits de grandes vedettes. J'ai eu un plaisir fou à recueillir, de nombreuses heures durant, les propos de Denis Brodeur et à écrire ce livre dans lequel j'ai tenté de laisser transpirer l'atmosphère et l'émotion des grands moments qu'il avait su capter sur pellicule.

Je remercie donc Denis Brodeur pour son étroite collaboration et profite de l'occasion pour souligner la grande qualité de ses photographies. Un bonheur pour les yeux! Merci enfin à tous mes confrères et consœurs du Québec qui, par leurs écrits, leurs commentaires et analyses, ont toujours su entretenir ma passion pour le hockey et pour le journalisme de sport.

Grâce à eux et à Denis Brodeur, je réalise en quelque sorte mon rêve d'enfance en signant ce livre.

DANIEL DAIGNAULT

Le hockey et la photographie ont été depuis 30 ans et demeurent encore aujourd'hui de véritables passions pour moi. J'avais depuis longtemps envie de présenter sous la forme d'un livre mes meilleures photographies, dont de nombreuses inédites, afin de réaliser en quelque sorte un bilan de carrière et, du même coup, bien humblement, faire plaisir aux amateurs de hockey et de photographie.

Aussi, lorsque le journaliste Daniel Daignault, que je connais de longue date, m'a proposé de coréaliser ce livre, j'ai tout de suite été emballé. Nous avons travaillé ferme à ce projet, devant parfois effectuer des choix douloureux parmi le million de photographies prises au cours de mes 30 ans de carrière. Celles que nous avons choisies sont sûrement les meilleures et les plus percutantes de ma carrière de photographe. C'est donc tout un voyage dans le monde du hockey des 30 dernières années que nous vous invitons à entreprendre, un voyage qui vous permettra sans doute de vous remémorer d'excellents souvenirs.

J'aimerais remercier ici mon épouse Mireille, mes enfants, Line, Sylvie, Claude, Denis et Martin, qui m'ont toujours appuyé en plus de faire preuve de compréhension à l'égard de ce métier, cette passion, qui m'a amené à voyager et à m'absenter de la maison plus souvent que je ne l'aurais souhaité.

Je me dois de souligner la collaboration de Claude qui travaille avec moi au Forum, lors des parties des Canadiens, depuis une bonne dizaine d'années. Quant à mon fils Denis, qui fait de la photographie depuis deux ans, il m'a beaucoup aidé pour retracer les photographies qui figurent dans ce livre.

La photographie et le hockey m'ont fait vivre de grandes joies; j'espère simplement que ce livre saura vous les faire partager et vous procurer autant de plaisir que j'en ai éprouvé.

DENIS BRODEUR

CHAPITRE PREMIER

Le hockey et la photographie: les passions d'une vie

La carrière et la vie de Denis Brodeur pourraient se résumer en un mot: passion. Passionné de hockey au point d'avoir longtemps rêvé de faire carrière dans la Ligue Nationale de Hockey et d'avoir tout tenté pour y réussir. Passionné de photographie, un métier vers lequel il s'est tourné après avoir remisé ses jambières de gardien de but. C'est son métier de photographe qui l'a rendu célèbre au Québec ainsi qu'à l'étranger et qui, heureuse coïncidence, lui a permis de renouer avec sa première flamme, le hockey.

Né le 12 octobre 1930 à Montréal dans la paroisse de Saint-Victor, Denis Brodeur est fils unique. «Mon père était un homme à tout faire; il a été barbier, boucher, faisait du nettoyage et a même fait de la photographie pour gagner sa vie! Il a eu l'idée de photographier tous les navires passant sous le pont Jacques-Cartier. Il développait les photos à la maison, dans une petite chambre noire qu'il avait aménagée et, le lendemain, il allait vendre une cinquantaine de photographies aux matelots. Quant à ma mère, comme toutes les femmes de son époque, elle s'occupait de tenir maison.»

En fouillant dans ses souvenirs, Denis Brodeur raconte qu'il a, dès son enfance, toujours été attiré par le sport, particulièrement par le hockey. «Il y avait le baseball l'été, mais j'étais par-dessus tout passionné par le hockey et par les Canadiens de Montréal. Chaque hiver, mon père se faisait un devoir d'aménager une petite patinoire à côté de la

Page de gauche: Jean Béliveau fut le premier récipiendaire du trophée Conn-Smythe au printemps 1965, récompense remise au joueur le plus utile à son équipe lors des séries éliminatoires. En 13 parties, il avait marqué huit buts et récolté huit passes. Les Canadiens remportèrent la coupe Stanley en défaisant les Black Hawks de Chicago.

Denis Brodeur à neuf ans, photographié sur la patinoire que son père lui aménageait chaque hiver.

maison. Je me souviens très bien que mes premières jambières de gardien de but ont été confectionnées par ma mère avec des poches de sucre! Des heures à jouer au hockey, seul ou avec des amis, j'en ai passé un nombre incalculable.»

À une époque où la radio régnait dans tous les foyers québécois, Denis Brodeur, comme la plupart de ses amis, ne ratait jamais la description d'une partie des Canadiens. «Mon père était un fervent amateur de hockey et je me souviens que le soir, nous étions assis l'un à côté de l'autre dans la cuisine pour écouter la description du match par Michel Normandin. Durant la journée, j'avais préalablement mis sur papier les alignements des deux équipes et, durant la partie, je notais dans un cahier chaque but et chaque passe inscrits par les joueurs. Il n'y avait personne pour me faire sortir de la maison à ce moment-là! Je me rappelle que, le lendemain d'une partie, j'essayais de recréer sur la patinoire les gestes des joueurs que j'avais entendu décrire par Michel Normandin, et que j'avais vus dans ma tête.»

Denis Brodeur et Jean Béliveau, coéquipiers avec les Tigres de Victoriaville en 1948-1949.

Le rêve de tous les jeunes Québécois

À cette époque, à la fin des années trente, la plupart des jeunes Québécois se glissaient au lit le soir en espérant que le sommeil les transporte encore une fois dans leur plus beau rêve, le plus grandiose: porter un jour les couleurs des Canadiens. On se trouvait des affinités avec l'ailier gauche Toe Blake, d'autres s'imaginaient compter un but sur une passe du numéro 11, Ray Getliffe... Le petit Denis Brodeur ne faisait pas exception à la règle.

«Moi aussi je rêvais, je répétais à tout le monde qu'un jour je serais joueur de hockey pour les Canadiens, même si je savais très bien qu'avec seulement six équipes, il fallait que j'aie un talent extraordinaire pour y parvenir. Il n'y avait que six gardiens de but et pas de substituts... Mais ça ne m'empêchait pas de rêver, ça ne me coûtait rien. Je me souviens encore que je collectionnais alors des cartes de hockey des compagnies Bee Hive et Crown Brand; dans mes rêves les plus fous, je me voyais, moi aussi, figurer un jour sur une carte, comme mes idoles. Jamais je n'aurais pensé que, plus de 40 ans plus tard, je serais appelé à photographier des joueurs pour des compagnies de cartes, et que mon fils Martin serait un jour repêché par une équipe de la Ligue Nationale de Hockey!»

Denis Brodeur n'a jamais atteint la Ligue Nationale de Hockey, mais il a tout de même connu une belle carrière dans les rangs juniors. «Comme gardien de but, je n'étais pas très gros et très grand, mais j'avais d'excellents réflexes et j'étais rapide, ce qui m'a permis de faire ma marque et de gravir les échelons chez les juniors. J'ai joué pour différentes équipes d'année en année; alors que je m'apprêtais à jouer pour le collège Roussin, à mon avant-dernière année comme junior, le club de Victoriaville de la Ligue Junior A du Québec m'a offert d'être gardien de but. C'est vraiment à ce moment-là que ma carrière a débuté; j'ai eu l'occasion d'être le coéquipier de Jean Béliveau. J'ai joué un an pour Victoriaville, puis je me suis retrouvé avec le National Junior de Montréal avec Bernard Geoffrion. On était alors en 1949. Malheureusement pour moi, je n'ai par la suite reçu aucune offre d'une équipe de la Ligue Nationale de Hockey. Il faut croire que je n'avais pas assez de talent pour réaliser mon rêve! Mon père, qui n'avait jamais cessé de m'encourager, n'en revenait pas, persuadé que j'étais le meilleur. Il ne comprenait pas que personne ne m'appelle. J'ai alors joué dans des ligues seniors dans les Maritimes et à Rivière-du-Loup. Je garde un bon souvenir de mon séjour à Rivière-du-Loup, car c'est là que j'ai rencontré Mireille Bérubé, que j'ai épousée en 1957.»

Une médaille aux Jeux olympiques

Parmi les bons souvenirs que Denis Brodeur conserve de sa carrière de gardien de but, il y a évidemment cette médaille de bronze récoltée lors des Jeux olympiques de 1956, alors qu'il était le gardien de but de l'équipe Kitchener Waterloo Dutchmen.

«Alors que je jouais dans les rangs seniors, j'ai reçu un coup de fil de Murph Chamberlain, un ancien joueur des Canadiens, entraîneur du club de Windsor dans la Ligue Senior de l'Ontario. Il cherchait un gardien de but et m'a fait une offre intéressante. J'ai accepté le contrat et tout a bien été puisque j'ai gagné huit parties en neuf départs. Mais j'ignorais qu'on avait fait appel à moi seulement sur une base temporaire, parce que le gardien régulier, un dénommé Bill Harrington, avait été blessé. Donc, quand il est revenu, on m'a échangé et envoyé à Kitchener. J'étais bien heureux malgré tout, car Kitchener était l'équipe la plus forte de la ligue, le seul problème des dirigeants étant qu'ils ne pouvaient compter sur un gardien de but fiable. Mon arrivée tomba à point: ce fut merveilleux, l'équipe remporta tous les honneurs dans la ligue et j'ai été élu membre de la première équipe d'étoiles en plus de remporter le trophée du meilleur gardien de but. Mais par-

Denis Brodeur, gardien de but pour le National Junior de Montréal en 1949.

L'équipe canadienne qui remporta la médaille de bronze, lors des Jeux olympiques de 1956. On reconnaît Denis Brodeur au centre à l'avant-plan.

dessus tout, nous avions remporté le trophée le plus prestigieux, la Coupe Allan, qui permettait à ce moment-là aux gagnants d'être les représentants du Canada aux Jeux olympiques. J'ai alors eu une décision difficile à prendre parce que j'ai reçu au même moment une offre du club Cleveland de la Ligue Américaine. J'aurais pu devenir professionnel, mais, finalement, j'ai décidé de participer aux Jeux olympiques. Nous avons joué nos parties à Cortina d'Ampezzo, en Italie; nous avons remporté la médaille de bronze, après avoir été battus par l'équipe soviétique lors de la dernière partie.»

Après les Jeux olympiques, Denis Brodeur, alors âgé de 25 ans, s'est trouvé un emploi comme gardien de but avec le club de North Bay, toujours dans la Ligue Senior de l'Ontario. Mais le jeune homme réalisait que ses chances d'atteindre la Ligue Nationale de Hockey, qui comptait alors sur des vedettes telles Terry Sawchuk, Glenn Hall, Johnny Bower, Jacques Plante et Lorne Worsley, s'amenuisaient et qu'il devait, à regret, commencer à penser sérieusement à un autre métier que le hockey.

«Je jouais au hockey le soir, mais le jour, je n'avais rien à faire. Cependant, la photographie m'intéressait. Comme le président du club de North Bay était également propriétaire du journal de l'endroit, je suis allé le voir et lui ai offert mes services comme photographe; il m'a embauché et c'est pour lui que je fis mes premières photographies. Je ne m'y connaissais pratiquement pas, n'ayant pas suivi de cours. Mais j'ai foncé. Mon métier de photographe, je l'ai donc appris ainsi au fil des ans: en achetant beaucoup de livres, en posant des questions et en observant les autres photographes.»

L'une des premières photographies de Denis Brodeur au Forum. Jean Béliveau déjoue le gardien Glenn Hall des Black Hawks de Chicago.

Il reste que Denis Brodeur savait tout de même se servir d'un appareil photo, puisqu'il avait huit ou neuf ans lorsque ses parents lui achetèrent son tout premier appareil. «J'avais toujours mon appareil photo avec moi, je prenais des photos de mes amis, je me faisais photographier en train de jouer au hockey. Toutes ces photographies, je les ai précieusement conservées.»

Loin de sa famille, s'ennuyant du Québec, Denis Brodeur avait cependant la ferme intention de revenir à Montréal et de se trouver un emploi comme photographe, ce qui n'était malheureusement pas chose facile à l'époque. «Chaque année, j'écrivais à Roger Saint-Jean, du quotidien *La Presse*, l'un des meilleurs photographes de Montréal. Je lui demandais de penser à moi si un poste devenait disponible, mais, malheureusement, il n'y en avait jamais. Quand je suis revenu à Montréal, c'est Ronald Corey qui m'a permis d'obtenir mon premier emploi. Il travaillait à l'époque comme journaliste au *Guide Mont-Royal*, et il m'a recommandé au père Marcel de la Sablonnière, qui me nomma gérant des sports au centre Immaculée-Conception. Je m'occupais du hockey, du baseball, et on me demandait de faire des photographies de jeunes athlètes et d'événements reliés au Centre. J'allais ensuite porter ces photographies dans les différents journaux comme *La Patrie*, *Le Petit Journal*, etc. Cela faisait mon bonheur parce que je rencontrais beaucoup de monde, ce qui me permettait de m'informer s'il n'y avait pas un emploi de photographe à plein temps disponible dans le domaine du sport.»

Toujours à l'emploi du «Père Sablon», Denis Brodeur obtint finalement sa chance comme photographe grâce à Pierre Péladeau pour le journal *Nouvelles et Potins*. Pendant un certain temps, il mena de front les deux emplois.

«Je travaillais avec Jean-Paul Sylvain, qui me faisait faire toutes sortes de photographies. Je me souviens comme si c'était hier de ma première affectation: il fallait que je fasse des photos d'une famille en émoi à la suite du meurtre de l'un de ses membres. Ce n'était pas facile comme premier travail! Pour ce journal, je faisais des photos de tous genres, y compris au Forum, mais seulement pendant les pratiques.

C'était évidemment toute une sensation pour moi lorsqu'on m'indiquait le chemin du Forum, car j'avais depuis longtemps en tête de me spécialiser dans la photographie de sport et, surtout, de hockey.»

Denis Brodeur a travaillé quelques années pour différents journaux artistiques de Pierre Péladeau, mais n'avait pas encore le privilège de disposer d'un laissez-passer pour entrer comme bon lui semblait au Forum, car il n'était pas à l'emploi d'un journal directement engagé dans le domaine du sport. Aussi, un jour, il décida d'aller voir le directeur-gérant des Canadiens, Frank Selke. «Je suis allé le voir et lui ai dit: "Monsieur Selke, de tous les photographes qu'il y a à Montréal, il n'y en a qu'un qui ait appartenu aux Canadiens et c'est moi, l'année où j'ai joué pour le National. Il me semble que vous pourriez me donner une chance et me donner mon laissez-passer de photographe!" M. Selke a alors pris le téléphone, fait venir Camille Desroches et lui a dit: "Give that young man his pass." Je l'ai depuis ce temps-là…»

À l'époque, il en fallait beaucoup pour que les joueurs quittent la patinoire en raison d'une légère blessure. Le sang dégoulinant sur son visage, Jean Béliveau avait insisté pour effectuer une importante mise en jeu.

Denis Brodeur «couvrant» les Canadiens pour le journal *Montréal-Matin.*

Dieu sait qu'elle lui a servi, cette carte de photographe, puisque Denis Brodeur a longtemps alimenté en photos de hockey plusieurs journaux et magazines au Québec. On retrouve même ses photographies dans une vingtaine de livres. «Le téléphone a souvent sonné à la maison! J'ai fait des photos pour *Sports Illustrated, Inside Hockey,* le supplément *Perspectives* de *La Presse,* des entreprises de bâtons et d'équipement de hockey et, depuis quelques années, pour des compagnies de cartes de hockey comme Upper Deck, Score, O-Pee-Chee. J'ai même fait des photos qui, à une certaine époque, ont été publiées par un magazine de sport en Autriche.»

Alors qu'il était toujours à l'emploi de Pierre Péladeau, Denis Brodeur reçut un appel qu'il attendait depuis longtemps, celui de Jacques Beauchamp, du journal *Montréal-Matin.* «Le regretté Jacques Beauchamp m'avait promis de me trouver un de ces jours un emploi comme photographe. À l'époque où je jouais au hockey en Ontario, il m'avait dit: "Écoute, Denis, on n'a pas les moyens de téléphoner régulièrement en Ontario pour avoir des nouvelles des joueurs francophones, alors écris-moi de temps en temps, parle-moi de toi et des autres joueurs, et je me ferai un plaisir de publier ça." Voilà pourquoi il y avait régulièrement un petit potin sur moi dans le journal de M. Beauchamp… Et comme il me l'avait assuré, il me dénicha un emploi de photographe à la section sportive. Pour moi, c'était un rêve qui se concrétisait.»

Sur la même glace que ses idoles

Si Denis Brodeur a vécu des moments palpitants comme photographe, l'une de ses plus grandes satisfactions a sans contredit été d'avoir eu la chance de côtoyer ses idoles de jeunesse et même, honneur suprême, de jouer au hockey avec ces vedettes.

«J'avais rencontré Maurice Richard qui, sachant que j'étais un ancien gardien de but, m'a demandé si j'accepterais d'aller pratiquer avec les Old Timers car ils n'avaient pas de gardien. La réponse n'a pas tardé, bien sûr! Il y avait Glen Harmon, Toe Blake, Maurice, Dickie Moore, Elmer Lach, Kenny Reardon, tous des joueurs que j'avais adulés, mes idoles… C'était incroyable de jouer avec eux, les gars étaient encore tellement bons. On a commencé à jouer un peu partout au Québec, puis on a fait une tournée des villes de la Ligue Nationale. On jouait contre les anciens Bruins, les anciens Black Hawks, et plusieurs autres équipes. Nous étions partout accueillis avec beaucoup d'enthousiasme par les amateurs. Moi, je flottais littéralement sur un nuage. Mon meilleur souvenir de cette tournée

Un souvenir indélébile pour le photographe: les moments passés à jouer avec l'équipe des Old Timers du Québec, ses idoles, notamment Maurice Richard.

Denis Brodeur en action, dans l'uniforme des Old Timers, face aux anciens Bruins.

demeure une partie jouée contre les anciens Red Wings. Frank Selke était notre entraîneur, et il avait accepté que Gordie Howe fasse partie de l'équipe des anciens Red Wings, même s'il était encore actif dans la Ligue Nationale. Une seule condition avait été posée: Gordie n'aurait pas le droit de lancer en direction du filet. Nous menions 3-2 avec à peine quelques minutes à jouer lorsque l'arbitre Red Story, voulant ajouter du piquant à la partie, nous décerna une punition. Je repoussai quelques lancers mais, avec 15 secondes à jouer à la partie, la rondelle se retrouva à la ligne bleue, du côté droit, sur le bâton de Gordie Howe. Il fit mine d'effectuer une passe, mais laissa plutôt partir un dur lancer en direction du filet. Je revois encore la scène: je fis le grand écart et réussis à arrêter la rondelle avec le bout de mon patin. L'arbitre siffla et, pour blaguer, Gordie se précipita sur moi pour ajouter au spectacle. C'était vraiment extraordinaire, je n'oublierai jamais ces moments passés aux côtés de mes idoles. Pour moi, ce fut une sensation incroyable.»

Jacques Plante posant avec deux masques qu'il avait conçus.

L'une des idoles de Denis Brodeur, un modèle, fut le gardien Jacques Plante, qui joua de 1952 à 1963 pour les Canadiens. C'est même lui qui encouragea Denis Brodeur à se procurer son tout premier masque de gardien de but. «Quand Jacques Plante a porté son masque pour la première fois, cela faisait au moins cinq ans que mon père m'en avait fabriqué un en feutre, recouvert de cuir, avec du tissu à l'intérieur. Mais, orgueilleux, je n'ai jamais voulu le porter. J'ai vu par la suite où mon père avait puisé cette idée: c'est le gardien Clint Benedict, qui a joué pour Ottawa et pour les Maroons de 1917 à 1930, qui a été le premier à porter un masque. Ce dernier ne couvrait pas bien les yeux, ni la bouche, mais il pouvait empêcher les coupures au front, aux joues et au menton. Celui de mon père y ressemblait un peu, mais je ne voulais absolument pas le porter. Un jour où je gardais les buts pour North Bay, j'ai reçu une rondelle en pleine figure, provoquant une coupure qui a nécessité 32 points de suture. C'est la dernière fois que mon plus fidèle partisan, mon père, est venu me voir jouer. Il était choqué que je n'aie pas porté son masque. C'est ensuite que j'ai commencé à être nerveux devant le filet. Aussi, lorsque je gardais les buts pour le Montréal Olympiques de la ligue senior, suis-je allé voir Jacques Plante pour lui demander où il avait obtenu son masque. Le populaire gardien du Canadien était très heureux de m'informer sur cette pièce protectrice qu'il voulait utiliser un jour dans un match régulier; il m'incita donc fortement à m'en procurer un. C'est ce que je fis, au coût de 200 $.»

Une passion qui ne se dément pas

Après avoir couvert 12 conquêtes de la coupe Stanley, des compétitions internationales de hockey, les Jeux olympiques de 1976, et entrepris sa 25e saison comme photographe avec les Expos, Denis Brodeur a conservé cette capacité de s'émerveiller comme un enfant face à son métier, comme s'il en était encore à ses premiers balbutiements. «Encore aujourd'hui, j'ai toujours hâte d'aller au Forum. J'aime l'atmosphère qui y règne, j'aime le hockey, les joueurs et je suis toujours aussi passionné par mon métier de photographe. Dès que je reviens à la maison, je m'empresse de développer mes films parce que j'ai hâte de voir les résultats.»

Passionné, vous disais-je! Sans doute parce qu'il a déjà joué au hockey, Denis Brodeur parvient souvent à anticiper certains jeux, à prévoir le comportement des joueurs. En somme, il a toujours possédé comme photographe les mêmes atouts qui faisaient de lui un excellent gardien de but, soit la rapidité, de bons yeux, l'agilité, etc.

«Le hockey d'aujourd'hui a passablement changé depuis mes débuts: il était plus facile autrefois de faire des photographies avec les joueurs pendant les pratiques et après les parties, car ils étaient plus disponibles. Lorsque l'un d'eux réussissait un exploit au cours d'un match, je pouvais organiser une mise en scène après la partie, photographier le joueur avec une rondelle, un bâton de hockey, mais c'est plus difficile aujourd'hui. Les joueurs s'esquivent plus rapidement, et ils enlèvent habituellement très vite leur uniforme une fois entrés dans le vestiaire.»

Sur ce point, l'un des beaux souvenirs de Denis Brodeur demeure la conquête de la coupe Stanley par les Canadiens en 1986. «On avait demandé à la direction des Canadiens que les joueurs conservent leur chandail le plus longtemps possible s'ils remportaient la coupe Stanley. J'avais eu l'occasion de voir des photographies des joueurs des Oilers d'Edmonton prises dans le vestiaire après une conquête de la coupe Stanley, et je trouvais que le fait que les joueurs soient torse nu ou en camisole manquait de panache. Cela a été merveilleux à Calgary, car tous les joueurs sans exception ont conservé leur uniforme durant au moins 30 minutes pour laisser le temps aux photographes de faire leur travail. Ce fut un régal!»

Aujourd'hui, Denis Brodeur estime qu'il a été chanceux et qu'il a eu le don d'être à la bonne place au bon moment. Une carrière ne se bâtit cependant pas sur des coups de chance et Denis Brodeur, sans doute trop modeste pour l'admettre, n'aurait pu réussir et surtout réaliser toutes les superbes photographies de ce livre s'il n'avait pas été l'un des grands de sa profession.

L'équipe de Toe Blake de 1965-1966 qui remporta la coupe Stanley contre les Red Wings le 5 mai 1966. De gauche à droite: Toe Blake, Claude Larose, Dick Duff, Léon Rochefort, Gilles Tremblay, Ted Harris, Robert Rousseau, Jacques Laperrière, Yvan Cournoyer, Jean Béliveau, Jim Roberts, Terry Harper, Jean-Guy Talbot, Claude Provost, Ralph Backstrom, John Ferguson, Dave Balon, Jean-Claude Tremblay, Henri Richard, Lorne Worsley et Charlie Hodge.

Au début de la saison 1968-1969, Denis Brodeur photographia les quatre gardiens sur lesquels les Canadiens pouvaient compter: Rogatien Vachon, Tony Esposito, Ernie Wakely et Lorne Worsley. C'est l'une des rares photographies d'Esposito dans l'uniforme des Canadiens, car il ne joua que 13 parties avec le club avant d'être repêché par les Black Hawks.

L'entraîneur Toe Blake souhaitant la bienvenue à Jacques Lemaire et Serge Savard, deux nouvelles recrues en ce début de la saison 1967-1968.

La passation des pouvoirs entre deux grands: en septembre 1971, Henri Richard devint le nouveau capitaine des Canadiens, succédant à Jean Béliveau, qui avait mis un terme à sa carrière peu après la conquête de la coupe Stanley quelques mois plus tôt.

Lorne Worsley, sous le regard de Jean-Claude Tremblay, stoppe un lancer de Dave Keon des Maple Leafs.

Une photo à la main le représentant dans l'uniforme du Canada, Denis Brodeur exhibe fièrement sa médaille olympique.

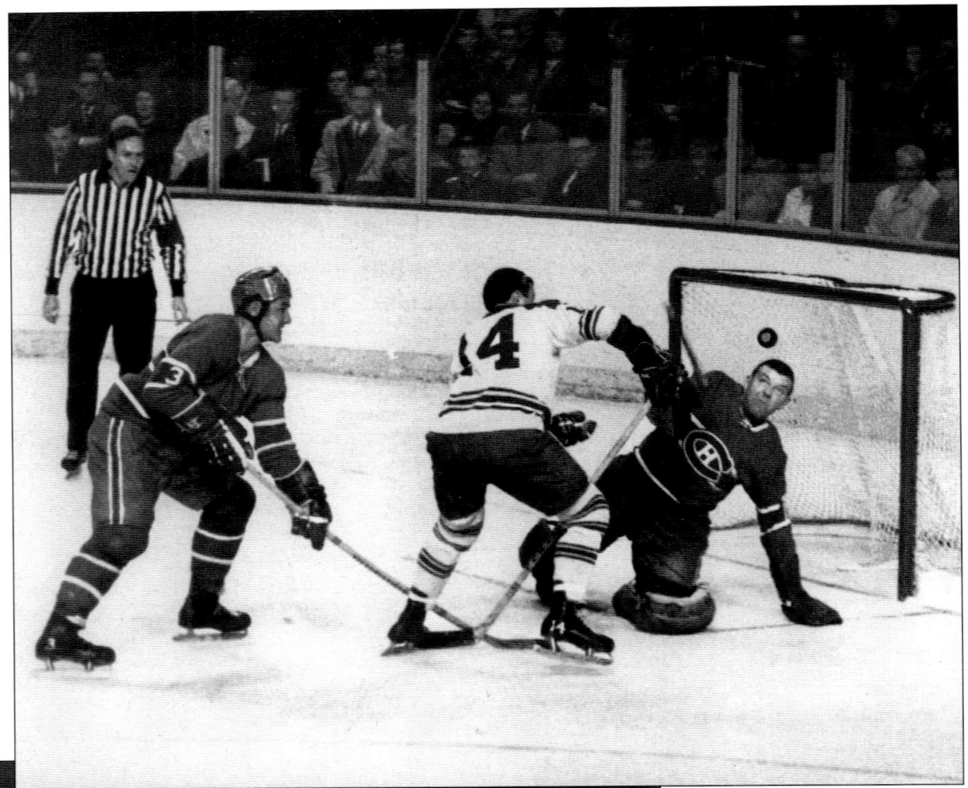

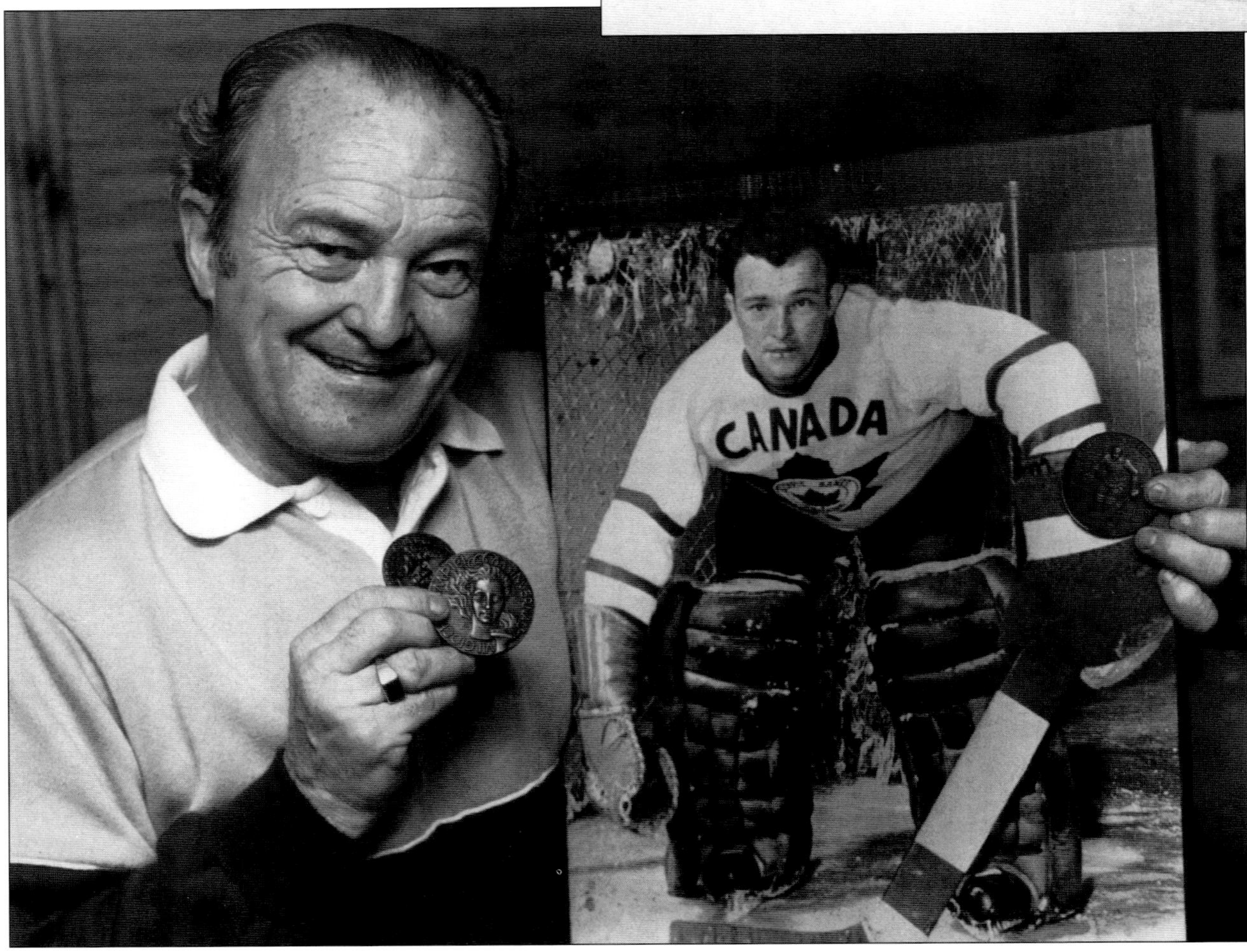

Deux joueurs québécois qui s'illustrèrent avec les Sabres de Buffalo, Gilbert Perreault et Richard Martin, photographiés avec Punch Imlach. Perreault marqua 512 buts en 17 saisons, Martin, 384 en 11 campagnes.

Bernard Geoffrion vient de marquer trois buts contre les Canadiens au Forum. À ses côtés, Don Marshall, un ailier gauche qui a joué neuf saisons avec les Canadiens.

Une scène croquée sur le vif dans le vestiaire des Canadiens à Calgary en 1986, après la conquête de la coupe Stanley. On reconnaît Mats Naslund et Eddy Palchak, alors soigneur-chef de l'équipe.

Lors d'une fête organisée au Forum en 1983 pour les joueurs des Canadiens ayant gagné cinq coupes Stanley consécutives, le public eut le bonheur de revoir Jacques Plante et Maurice Richard en uniforme. Deux grands du Canadien.

HOULE

LUTCHENKO

CHAPITRE 2

Les grands joueurs

Depuis le début des années soixante, Denis Brodeur a raté peu de parties disputées au Forum, ayant ainsi la chance de voir toutes les vedettes de la Ligue Nationale de Hockey. Dans les pages qui suivent, il présente, enrichies de commentaires, ses meilleures photos de ces hockeyeurs qui lui ont permis de connaître de grandes émotions et d'exercer son art.

JEAN BÉLIVEAU

Finesse et élégance sur patins

Jean Béliveau était âgé de 39 ans lorsque, le 18 mai 1971, il disputa son dernier match dans l'uniforme des Canadiens. Ce jour-là, les Canadiens remportèrent le septième et décisif match de la finale contre les Black Hawks, à Chicago, permettant ainsi au vétéran capitaine d'inscrire une dixième fois son nom sur la coupe Stanley. Quelques semaines plus tard, le 9 juin, Jean Béliveau annonçait sa retraite, fort d'un impressionnant bilan: en 18 saisons complètes avec les Canadiens, il avait cumulé 507 buts et 712 passes. Encore aujourd'hui, Béliveau détient le record du Tricolore pour le plus grand nombre de points en séries éliminatoires, soit 176 en 162 parties, un record qui n'est pas près d'être battu.

«Jean Béliveau, raconte Denis Brodeur, c'était la finesse et l'élégance sur patins. Il avait de ces feintes devant les défenseurs et gardiens adverses! Je l'ai connu alors qu'il n'avait que 17 ans et que nous étions coéquipiers avec les Tigres de Victoriaville dans la Ligue de hockey junior majeur du Québec. Jean dominait le jeu et constituait une terreur pour les gardiens adverses. Tout le monde savait bien que ce grand bonhomme timide connaîtrait une carrière étincelante chez les professionnels. Toujours gentil, il a été l'un des meilleurs joueurs de centre de l'histoire du hockey et un ambassadeur extraordinaire pour les Canadiens.»

Jean Béliveau était non seulement un habile «fabricant de jeux», mais, fort de sa grandeur (1,90 m), il possédait également une grande portée qui lui permettait de devancer ses adversaires afin de s'emparer de la rondelle. Le *Grand Jean* fut sans contredit l'un des hockeyeurs les plus malins: lorsqu'il s'élançait vers les défenseurs adverses, on ne pouvait jamais deviner s'il allait décocher un lancer, passer à un coéquipier ou bien carrément «embobiner» les joueurs devant lui avec des feintes. Fier capitaine de l'équipe durant dix saisons, il a donné ses lettres de noblesse au titre de capitaine. Considéré toute sa carrière comme un gentilhomme, Jean Béliveau fut intronisé au Temple de la Renommée du Hockey en 1972: son chandail, le numéro 4, fut officiellement retiré le 9 octobre 1971, en son hommage et en celui d'Aurèle Joliat, qui a joué pour les Canadiens de 1922 à 1938 et qui portait aussi le numéro 4.

BÉLIVEAU MARQUE SON 500e BUT

Dans la chambre des joueurs, Jean Béliveau s'amuse avec les photographes après son exploit.

Le 11 février 1971, les Canadiens affrontent les North Stars du Minnesota au Forum. Jean Béliveau marque alors le 500e but de sa carrière, son troisième de la soirée, contre le gardien Gilles Gilbert, assisté de Phil Roberto et de Frank Mahovlich. Denis Brodeur a immortalisé cet instant au moment où la rondelle s'apprête à pénétrer dans le filet. Ce match fut remporté 6-2 par les Canadiens.

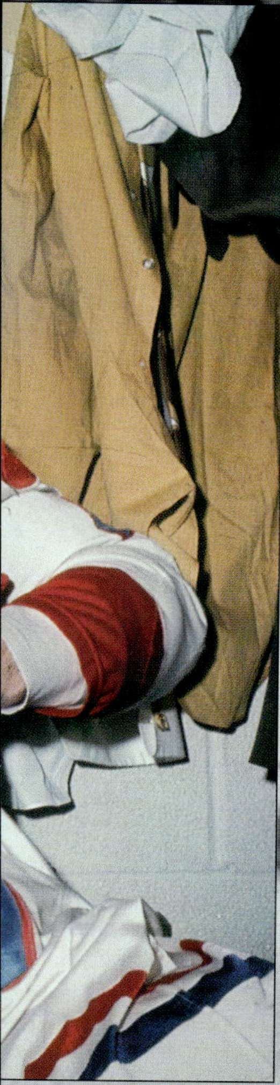

Bien posté devant le filet des Flyers, Jean Béliveau tente de s'emparer de la rondelle.

Jean Béliveau et Bobby Orr, deux grands de l'histoire de la Ligue Nationale.

Le capitaine des Canadiens en action devant le filet des Bruins.

Le *Grand Jean* exhibe fièrement trois rondelles après avoir réussi l'un des 18 «tours du chapeau» de sa carrière.

Claude Larose, John Ferguson et Dick Duff prennent un moment de répit en compagnie de Jean Béliveau.

Jean Béliveau célébrant une victoire en compagnie du gardien Lorne Worsley et de Gilles Tremblay.

Jean Béliveau et l'entraîneur Toe Blake photographiés lors d'une séance d'entraînement des Canadiens.

Michael Bossy

Une «machine à marquer des buts»

Alors que Guy Lafleur faisait la pluie et le beau temps dans la Ligue Nationale au milieu de la décennie 1970-1980, à Laval, dans la Ligue de hockey junior majeur du Québec, tous les yeux étaient tournés vers l'ailier droit Michael Bossy. Ce jeune joueur originaire de Montréal marquait des buts à un rythme d'enfer, mais, malgré ses succès, plusieurs dirigeants de formations de la LNH doutaient des chances de réussite de Bossy chez les professionnels, parce qu'on le disait faible sur le plan défensif. Aussi, le premier joueur repêché lors de la séance annuelle de 1977 fut Dale McCourt, qui prit le chemin de Detroit. Puis les Barry Beck, Robert Picard, Jere Gillis, Lucien Deblois et Mark Napier (sélectionné par les Canadiens) furent entre autres choisis avant Bossy... Est-il besoin de préciser qu'aucun d'eux ne connut une carrière aussi étincelante que celle de Bossy? Ce furent finalement les Islanders de New York, qui avaient l'œil sur lui depuis déjà quelques mois, qui décidèrent d'en faire leur premier choix.

«Il fallait être rapide pour pouvoir capter sur pellicule Mike Bossy lorsqu'il lançait au filet, parce qu'il lançait à la vitesse de l'éclair: il avait des gestes très rapides et un lancer extrêmement précis, et c'est souvent au moment où l'on s'y attendait le moins qu'il parvenait à surprendre ses adversaires.»

À sa première saison dans la LNH, Michael Bossy cloua le bec de ses nombreux dénigreurs en remportant le trophée Calder, attribué à la meilleure recrue du circuit, grâce à ses 53 buts et 38 passes en 73 parties. Jusqu'en 1992-1993, Bossy détenait toujours le record du plus grand nombre de buts comptés par une recrue à sa première saison, mais Teemu Selanne des Jets de Winnipeg a fait mieux grâce à 76 buts...

Michael Bossy effectue un tir qui est repoussé par le gardien des Canadiens.

Michael Bossy brilla durant 10 saisons avec les Islanders de New York avant de prendre sa retraite.

Véritable «machine à marquer des buts», vif comme un chat, Bossy demeura égal à lui-même au fil des ans: il marqua au moins 50 buts durant neuf saisons avec les Islanders, incluant cinq saisons de plus de 60 buts et aida son équipe à remporter la coupe Stanley à quatre reprises. Michael Bossy gagna le trophée Conn-Smythe en 1982, obtint le Lady-Byng accordé au joueur le plus gentilhomme en trois occasions et fut sélectionné huit fois au sein des équipes d'étoiles de la ligue.

L'un des faits saillants de sa carrière survint le 24 janvier 1981: contre le gardien Ron Grahame des Nordiques, Bossy marqua deux buts, dont son 50e filet, devenant ainsi le deuxième joueur de la Ligue Nationale à compter 50 buts en 50 parties, 36 ans après Maurice *Rocket* Richard.

Aux côtés de ses coéquipiers Bryan Trottier et Clark Gillies, Bossy connut des années merveilleuses. Au terme de la campagne 1981-1982, le numéro 22 des Islanders termina second compteur derrière Wayne Gretzky avec une fiche de 64 buts et 83 passes, sa meilleure pour une saison.

Forcé de mettre un terme à sa carrière en raison de maux de dos, Michael Bossy prit sa retraite en 1987 après avoir obtenu 573 buts et 553 passes en 752 parties disputées au cours de ses 10 ans dans la Ligue Nationale.

«Lorsque Mike Bossy a réussi à compter 50 buts en 50 parties pour égaler le record de Maurice Richard, les deux joueurs furent conviés à une fête spéciale pour souligner l'événement. J'avais pris bien soin d'emporter avec moi deux rondelles pour cette photographie.»

—Denis Brodeur

Bossy inscrit un but aux dépens du gardien Denis Herron en dépit des efforts du défenseur Larry Robinson.

Raymond Bourque

Un as pour contrôler le jeu

Raymond Bourque, né à Montréal le 28 décembre 1960, sera sûrement un jour intronisé au Temple de la Renommée. Depuis ses débuts dans la LNH, Bourque a participé à quatorze rencontres des étoiles et gagné quatre fois le trophée James-Norris décerné au meilleur défenseur. Pourtant, ce joueur de 1,80 m et 95 kg, junior à Verdun puis à Sorel, ne fut sélectionné qu'au huitième rang du repêchage de 1979 par les Bruins. Le premier choix de ce repêchage fut le défenseur Rob Ramage, choisi par les Rockies du Colorado. Avant que Bourque soit sélectionné par les Bruins, les North Stars lui avaient préféré le défenseur Craig Hartsburg et les Black Hawks, le défenseur Keith Brown. Voilà des choix que ces équipes ont dû regretter longtemps au vu des grandes performances offertes par le numéro 77 des Bruins depuis son entrée dans la Ligue Nationale.

À sa première saison, Bourque marqua 17 buts et amassa 48 passes, ce qui lui permit de mettre la main sur le trophée Calder. En 1983-1984, Bourque réussit à marquer 31 buts, son plus haut total au cours d'une saison. Autre fait saillant de sa carrière: le 29 février 1992, Bourque atteignit le plateau des 1000 points, au cours d'une défaite des Bruins contre les Capitals de Washington.

«Raymond a toujours été un homme bien tranquille, qui ne dit jamais un mot plus haut que l'autre. J'ai suivi sa carrière junior et, déjà, il se distinguait par ses deux grands atouts, son maniement de la rondelle et son lancer foudroyant. Raymond est un très bon passeur capable

Raymond Bourque, aux côtés du défenseur Don Sweeney, protège bien le devant du filet du gardien Andy Moog.

d'anticiper le jeu. Il est le digne successeur de Bobby Orr, l'un des meilleurs défenseurs que j'aie vus.»

Avant le début de la saison 1993-1994, Raymond Bourque figure au 12e rang des meilleurs passeurs de l'histoire de la LNH grâce aux 806 passes cumulées depuis le début de sa carrière. Il a encore sûrement plusieurs autres bonnes saisons à donner au hockey.

Le capitaine des Bruins demeure l'un des joueurs les plus dangereux de son équipe grâce à son habileté sur patins et à la facilité avec laquelle il peut manier la rondelle.

«J'ai eu l'occasion de photographier Raymond Bourque alors qu'il jouait dans les rangs juniors et, déjà à ce moment, il était facile de prédire qu'il deviendrait un grand joueur de hockey.» —Denis Brodeur

Raymond Bourque tente de contrôler la rondelle alors que Guy Carbonneau se lance à sa poursuite.

YVAN COURNOYER

Vite sur ses patins!

Tout jeune, Yvan Cournoyer, natif de Lachine, rêvait de porter fièrement un jour l'uniforme des Canadiens de Montréal. Non seulement il a concrétisé son rêve durant 16 saisons, mais il aussi inscrit son nom à 10 reprises sur la coupe Stanley, a marqué 428 buts et récolté 435 passes au cours de sa carrière en plus d'être admis au Temple de la Renommée en 1982. Quelles brillantes performances que celles de l'ancien numéro 12, surnommé le *Roadrunner* tellement il était rapide sur la glace.

C'est au cours de la saison 1963-1964 que Cournoyer, alors âgé de 20 ans, fit ses débuts avec les Canadiens. Portant le numéro 25 — le 12 appartenait alors à l'ailier gauche Dickie Moore —, Cournoyer ne joua que cinq parties mais compta quatre buts. Les Canadiens comptaient alors cinq ailiers droits, soit Bernard Geoffrion, Robert Rousseau, Claude Larose, Claude Provost et Bill Hicke. Ce n'est donc que la saison suivante, avec le départ de Geoffrion et l'envoi en décembre 1964 de Bill Hicke aux Rangers (en retour de l'ailier gauche Dick Duff), que Cournoyer put se faire une niche sous la grande tente.

Une photo saisissante d'Yvan Cournoyer, culbutant sous le bâton d'un adversaire. «Yvan était toujours spectaculaire, autant lorsqu'il se faisait mettre en échec que lorsqu'il était en possession de la rondelle. Un joueur explosif qui m'a procuré de belles émotions comme amateur de hockey au cours de ma carrière.»—Denis Brodeur

Yvan Cournoyer jubile après avoir réussi à déjouer un gardien adverse.

Malgré sa petite taille, 1,70 m, Cournoyer prouva rapidement qu'il avait sa place dans la grande ligue. «Yvan, relate Denis Brodeur, était un joueur très rapide: c'était extraordinaire de le voir franchir la ligne bleue adverse avec la rondelle; il passait à un train d'enfer et a sûrement été durant plusieurs saisons le joueur le plus rapide du circuit.»

À sa première véritable saison avec les Canadiens en 1964-1965, Cournoyer ne fut employé que sporadiquement par l'entraîneur Toe Blake. Yvan était surtout utilisé lors des jeux de puissance et, en 55 parties, il marqua 7 buts et récolta 10 passes. L'un de ses plus beaux souvenirs de cette année-là est relié aux séries éliminatoires de la coupe Stanley. Lors de la septième partie de la finale contre les Black Hawks de Chicago au Forum de Montréal, Yvan passa en trombe à côté du défenseur Elmer Vasko et marqua un but de toute beauté en plus de récolter une passe au cours du match remporté 4-0 par Montréal. Il s'agissait d'une première coupe Stanley pour Cournoyer, qui avait hérité du chandail numéro 12 à la suite du départ de Dickie Moore.

Au cours de sa carrière, Yvan Cournoyer fit partie à quatre reprises des équipes d'étoiles, remporta le trophée Conn-Smythe en 1973 après avoir été la grande vedette des siens en série, marquant 15 buts et amassant 10 passes en 17 parties. Les Canadiens, encore une fois, remportèrent la coupe Stanley en éliminant les Black Hawks de Chicago.

L'un des faits marquants de sa carrière fut sans aucun doute sa participation à la *Série du siècle* contre les Soviétiques en 1972. Yvan marqua trois buts et obtint deux passes en huit parties. C'est lui qui, lors du huitième et décisif match présenté à Moscou, créa l'égalité 5-5 à 12:56 minutes de la troisième période. Et, lorsque Paul Henderson marqua le but gagnant pour l'équipe du Canada dans la dernière minute de jeu, Cournoyer se trouvait encore sur la patinoire. Il allait revoir les Soviétiques le 31 décembre 1975 au Forum, lors de l'une des meilleures parties de hockey présentées à Montréal. Cournoyer marqua d'ailleurs un but contre Vladislav Tretiak durant ce match qui se termina par une marque égale de 3-3.

Capitaine des Canadiens à partir de 1975, Yvan Cournoyer fut forcé de mettre un terme à sa carrière en octobre 1979, à 35 ans, après avoir été opéré à deux reprises au dos.

Yvan Cournoyer et Jacques Lemaire à leurs débuts avec les Canadiens. Ces deux joueurs ont connu beaucoup de succès dans la Ligue Nationale.

Le gardien Tony Esposito repousse un lancer d'Yvan Cournoyer alors que le défenseur Pat Stapleton tente de s'interposer.

Le vétéran Lorne Worsley vient d'être déjoué par un tir de Cournoyer.

Yvan Cournoyer menaçant la cage des Red Wings défendue par Jim Rutherford.

Marcel Dionne

Un joueur sous-estimé

Marcel Dionne a joué dix-huit ans dans la Ligue Nationale et, malgré des succès impressionnants, il a sans aucun doute été l'un des joueurs les plus sous-estimés de son époque. Peu bavard, discret, c'est sur la glace que Dionne faisait du bruit, comme en font foi ses 731 buts et 1040 passes, qui font de lui le troisième meilleur pointeur, passeur et buteur, derrière Wayne Gretzky et Gordie Howe.

«Alors qu'il était encore jeune, raconte Denis Brodeur, tous les connaisseurs de hockey savaient que Marcel évoluerait un jour dans la Ligue Nationale. Je l'ai vu jouer pour la première fois à l'occasion d'un tournoi bantam au centre Paul-Sauvé. Marcel jouait pour Drummondville; il fut sensationnel.»

Vedette des Black Hawks de St. Catharines dans la Ligue junior de l'Ontario, Marcel Dionne a toujours fait l'objet de comparaisons avec un autre grand joueur de son époque, Guy Lafleur. Alors que Dionne enregistrait des buts «à la pelletée» chez les juniors, Lafleur éblouissait tout le monde avec les Remparts de Québec. Ils étaient considérés comme les deux plus beaux espoirs pour la LNH lors du repêchage de 1971. Guy Lafleur fut le premier à être sélectionné (par les Canadiens) et ce sont les Red Wings de Detroit qui optèrent, en second choix, pour le petit (1,75 m) joueur de centre originaire de Drummondville. Dès sa première saison, Dionne marqua 28 buts et récolta 29 passes. Marcel fut nommé capitaine de l'équipe pour la saison 1974-1975, au terme de laquelle il présenta une fiche de 47 buts et 74 passes, connaissant ainsi sa première saison de plus de 100 points. Dans l'ensemble de la ligue, il terminait au troisième rang des marqueurs derrière Bobby Orr et Phil Esposito.

En 1975, Marcel Dionne devint le premier agent libre du circuit Campbell et, à la consternation des fans des Wings, signa un contrat avec les Kings de Los Angeles. Detroit obtint, en compensation, les joueurs Terry Harper et Dan Maloney ainsi qu'un choix au repêchage de 1975.

C'est avec les Kings et ayant comme compagnons de trio Charlie Simmer et Dave Taylor (les journalistes surnommèrent ce trio la ligne *Triple Crown*), que Dionne connut les plus beaux moments de sa carrière. Il réussit sept saisons de plus de 100 points et, au terme de la saison

Marcel Dionne lors de ses débuts dans la Ligue Nationale avec les Red Wings de Detroit. Malgré sa petite taille (1,75 m), Dionne parvint rapidement à s'imposer.

Marcel Dionne et Bobby Clarke s'amusaient ferme lors de la rencontre des anciens joueurs de la Ligue Nationale présentée au Forum de Montréal en février 1993.

Marcel Dionne devant Guy Carbonneau des Canadiens lors d'une rencontre disputée au Forum. C'est avec les Kings que Dionne a connu les plus belles heures de sa glorieuse carrière.

1979-1980, il termina sur un pied d'égalité avec Wayne Gretzky au premier rang des marqueurs. Puisqu'il avait inscrit deux buts de plus que le fameux porteur du numéro 99 (53-51), c'est lui qui remporta pour la première et seule fois de sa carrière le trophée Art-Ross. En 1980-1981, Dionne et les deux autres membres de son trio réussirent l'exploit de terminer la saison avec plus de 100 points chacun à leur fiche. Marcel Dionne fut un véritable roi à Los Angeles, et ses succès contribuèrent certainement à donner le goût du hockey aux Californiens, qui assistaient de plus en plus nombreux aux parties des Kings.

Depuis la saison 1988-1989, alors que Dionne terminait sa carrière avec les Rangers de New York, Wayne Gretzky et Luc Robitaille ont remplacé Dionne dans le cœur des partisans californiens.

C'est sans doute parce qu'il n'eut jamais la chance d'inscrire son nom sur la coupe Stanley — il n'a disputé que 49 parties en séries éliminatoires — que Dionne n'obtint pas autant de publicité que les Lafleur, Bossy, Trottier et autres. Il a néanmoins connu une carrière étincelante, qui lui a valu d'être admis au Temple de la Renommée en 1992.

Ken Dryden

Six coupes Stanley en huit ans!

Le 14 mars 1971, après une défaite de 4-1 contre Chicago, l'entraîneur des Canadiens, Al MacNeil, décidait d'accorder un repos à son gardien Rogatien Vachon, utilisé au cours des 15 dernières parties. Pour prendre la relève, on opta pour un grand jeune homme de 23 ans, étudiant en droit, rappelé des Voyageurs de Montréal de la Ligue Américaine une semaine plus tôt par le directeur-gérant Sam Pollock: Ken Dryden. À sa première partie avec le grand club, Dryden repoussa 34 rondelles pour conduire son équipe à une victoire de 5-1 contre les Penguins à Pittsburgh. On lui décerna même la première étoile. Dryden disputa les six dernières rencontres du calendrier régulier sans subir la défaite, conservant une moyenne de 1,65 but accordé par match.

Une pose caractéristique de Ken Dryden. Le gardien expliqua un jour que, plutôt que de s'appuyer sur ses jambières comme les autres gardiens ont l'habitude de le faire, il préférait nettement prendre appui sur son bâton afin d'éviter des maux de dos...

Ken Dryden repousse une attaque menée par deux joueurs des Capitals de Washington, alors que les défenseurs Pierre Bouchard et Guy Lapointe s'apprêtent à intervenir.

Un autre arrêt «signé Dryden», alors que le grand gardien débutait avec le Tricolore.

Les Canadiens terminèrent troisièmes au classement de leur division, et décidèrent de miser sur Dryden pour les séries éliminatoires. Les joueurs du Tricolore entendaient bien venger l'humiliation subie la saison précédente alors que le club avait terminé au cinquième rang de sa division, étant ainsi exclu des séries éliminatoires pour la première fois en 22 ans. La tâche n'allait pas être facile, puisque les premiers adversaires sur leur route étaient les puissants Bruins de Boston, champions défendants de la coupe Stanley, champions de la saison régulière avec 121 points, soit 24 de plus que les Canadiens. Les Bruins, menés à l'attaque par Bobby Orr, Phil Esposito et Johnny Bucyk, avaient conservé un dossier de 57 victoires et seulement 14 défaites. Aussi, rares étaient les observateurs qui croyaient les Canadiens capables de se rendre loin en séries, de surcroît avec une recrue entre les poteaux. Or, menés à l'attaque par les frères Mahovlich, Jean Béliveau, Yvan Cournoyer et Jacques Lemaire, grâce au brio des vétérans défenseurs Jacques Laperrière, Jean-Claude Tremblay et Terry Harper, et surtout aux arrêts époustouflants de la verte recrue Dryden, les Canadiens étonnèrent en éliminant les Bruins en sept parties. Le rêve des Bruins de remporter pour la première fois de leur histoire la coupe Stanley deux années consécutives venait de s'écrouler.

D'un calme olympien, Dryden ne craqua jamais sous la pression et conduisit ensuite les Canadiens à la victoire contre les North Stars du Minnesota en six parties. L'équipe remporta par la suite la 17e coupe Stanley de son histoire en battant les Black Hawks de Chicago en sept rencontres. Dryden fut si étincelant qu'on lui décerna le trophée Conn-Smythe. La saison suivante, sa première saison complète dans l'uniforme des Canadiens, Dryden remporta le trophée Calder; il avait conservé cette année-là une excellente moyenne de 2,24.

«Parmi tous les gardiens de but qui ont évolué dans la Ligue Nationale, Ken Dryden est celui qui m'a procuré le plus d'émotions. Par son calme, ses gestes, sa simplicité, son intelligence, cet homme-là m'a grandement impressionné», se rappelle Denis Brodeur.

Ken Dryden prit tout le monde par surprise en décidant de se retirer en 1973-1974 à la suite d'une mésentente salariale avec les Canadiens. Il décida de poursuivre ses études en droit à Toronto, mais revint au jeu la saison suivante avec un nouveau contrat en poche.

Dotés d'une offensive dévastatrice — qu'on songe seulement à Guy Lafleur, Steve Shutt, Yvan Cournoyer, Jacques Lemaire, Pete Mahovlich et Mario Tremblay — et du fameux *Big Three* formé de Guy Lapointe, Serge Savard et Larry Robinson, Dryden et les Canadiens, sous la gouverne de Scotty Bowman, remportèrent la coupe Stanley lors des saisons 1972-1973, 1975-1976, 1976-1977, 1977-1978 et 1978-1979. En 1976-1977, les Canadiens établirent d'ailleurs un record en ne perdant que 8 des 80 parties du calendrier.

Le gardien de but vedette des Canadiens, photographié avant la tenue d'un exercice de l'équipe.

Gilbert Perreault croyait bien avoir marqué, mais c'était sans compter sur Ken Dryden.

Ken Dryden a remporté la coupe Stanley à six reprises en huit ans, ce qui n'est pas un mince exploit! Son nom apparaît cinq fois sur le trophée Vézina, et il a été élu six fois au sein d'une des équipes d'étoiles de la LNH avant de prendre sa retraite au terme de la saison 1978-1979.

Ken Dryden avait 35 ans lorsqu'il fut élu au Temple de la Renommée en juin 1983. Lorsqu'on évoque son nom, une image nous vient aussitôt en tête: Dryden, debout devant son filet, appuyé sur son bâton. Ce gardien de but fut certes l'un des joueurs marquants des Canadiens des années soixante-dix.

Phil et Tony Esposito

Spectaculaires et déterminés

Les frères Esposito ont connu de belles carrières dans la Ligue Nationale et ont fait tous deux les délices des amateurs de hockey dans les années soixante-dix grâce à leurs exploits.

Tony Esposito a joué 16 saisons chez les professionnels, dont 15 avec les Black Hawks de Chicago. À sa première saison, à Montréal, il était le troisième gardien, derrière Rogatien Vachon et Lorne Worsley. Cette saison-là (1968-1969), il ne disputa que 13 parties, mais réussit tout de même deux jeux blancs. Les Canadiens remportèrent la coupe Stanley contre les Blues de St. Louis... la seule fois où Tony Esposito put savourer cette joie. Repêché en juin 1969 par les Black Hawks de Chicago, Esposito s'imposa rapidement, conservant une moyenne de 2,17 (63 parties disputées). De plus, il réussit 15 jeux blancs, un record pour une recrue. Esposito ne fit donc pas les choses à moitié pour ses débuts dans la «ville des vents», puisqu'il remporta à la fois le trophée Vézina et le trophée Calder.

Avec Esposito dans leurs rangs, les Black Hawks atteignirent la finale de la coupe Stanley en 1970-1971 et 1972-1973, mais furent chaque fois défaits par les Canadiens. Au cours de sa carrière, Tony Esposito a toujours participé aux séries éliminatoires, disputant 99 parties et conservant une moyenne de buts alloués de 3,09.

L'un des faits saillants de sa carrière a été sa participation à l'affrontement Canada-URSS en 1972. Pour la première fois chez les professionnels, le gardien avait l'occasion de jouer dans la même équipe que son frère Phil, vedette des Bruins de Boston et champion compteur de la ligue au cours des deux saisons précédentes. Tony Esposito joua quatre parties, obtenant deux victoires, une défaite, un match nul et affichant la meilleure moyenne de buts alloués, soit 3,25 (Dryden conserva une moyenne de 4,75 en quatre rencontres et Tretiak, de 3,87 en huit matchs).

Esposito avait un style peu orthodoxe, quasi acrobatique. Il défiait constamment les marqueurs adverses et était très spectaculaire. Il a été élu à cinq reprises au sein des équipes d'étoiles, a réussi 76 jeux blancs au total au cours de sa carrière et conservé une excellente moyenne de 2,92. Il a de plus remporté à trois reprises le trophée Vézina.

Phil Esposito, cadet d'un an de Tony, a joué 18 saisons dans la Ligue Nationale. C'est avec les Black Hawks de Chicago qu'il fit ses débuts en 1963-1964. Patineur trop lent selon plusieurs éclaireurs, mais combatif, Phil joua quatre saisons avec les Hawks, connaissant sa meilleure année en 1966-1967 lorsqu'il obtint 21 buts et 40 passes. Le 15 mai 1967, les Hawks décidèrent de

Lors de la partie des étoiles présentée à Montréal en 1975, Maurice Richard pose en compagnie de deux grands joueurs de centre, Phil Esposito et Bobby Clarke. Esposito fut élu huit fois au sein de l'une des équipes d'étoiles de la LNH.

frapper un grand coup en effectuant une transaction majeure avec les Bruins de Boston. Cet échange s'avéra désastreux pour la troupe de l'entraîneur Billy Reay des Hawks. En fait, on en parle comme d'un véritable «vol» effectué par le directeur-gérant des Bruins, Milt Schmidt. En vertu de cet échange, les joueurs de centre Esposito et Fred Stanfield de même que l'ailier droit Ken Hodge passaient aux Bruins en retour du joueur de centre Pit Martin, du défenseur Gilles Marotte et du gardien Jack Norris.

Le dangereux Phil Esposito, surveillé étroitement par le défenseur Pierre Bouchard.

Dès la saison 1967-1968, Esposito, portant le chandail numéro 7, s'imposa avec les Bruins, marquant 35 buts. La saison suivante, il abaissa le record du plus grand nombre de points réussis en une saison avec 126. L'ancien record de 97 points était détenu par deux anciens coéquipiers d'Esposito, Bobby Hull et Stan Mikita.

La suite «n'est que statistiques»: Esposito a remporté le championnat des compteurs à cinq reprises et a conduit les Bruins à deux conquêtes de la coupe Stanley. En 1971-1972, en remportant son deuxième championnat des compteurs devant son coéquipier Bobby Orr, Esposito établit un nouveau record pour le plus haut total de points réussis en une saison, 152 (76 buts et 76 passes). Ce n'est qu'en 1980-1981 que cet exploit fut dépassé par Wayne Gretzky, qui totalisa 164 points.

On ne peut évoquer le nom de Phil Esposito sans se rappeler la *Série du siècle* de 1972. Certains observateurs prétendaient que, sans Bobby Orr pour lui effectuer des passes, le grand Phil ne pourrait donner sa pleine mesure. Esposito les fit mentir en étant le meilleur compteur du Canada avec sept buts et six passes en huit parties.

«Esposito, rappelle Denis Brodeur, était incroyable à voir jouer, particulièrement à Moscou. Il était l'un des joueurs les plus combatifs et fournissait toujours le "deuxième effort" tellement il tenait à ce que le Canada remporte cette série.»

Dans la huitième et dernière partie de la série, Esposito marqua deux buts et récolta deux passes. C'est lui qui passa la rondelle à Paul Henderson qui déjoua finalement Tretiak avec moins d'une minute à jouer, et compta ainsi le but gagnant de la série.

Phil Esposito connut huit merveilleuses saisons complètes avec les Bruins avant d'être encore une fois impliqué dans une transaction majeure le 7 novembre 1975: Esposito et Carol Vadnais passaient aux Rangers en retour de Brad Park, Jean Ratelle et Joe Zanussi. Finalement, au cours de la saison 1980-1981, Esposito décida d'abandonner le hockey.

Phil Esposito est, avec ses 1590 points, au quatrième rang des meilleurs pointeurs de l'histoire de la LNH, derrière Wayne Gretzky, Gordie Howe et Marcel Dionne. Il est aussi le quatrième meilleur compteur avec 717 buts, derrière Gordie Howe, Wayne Gretzky et Marcel Dionne.

Tony Esposito repoussant un tir de Guy Lafleur.

Alors que la circulation est dense devant lui, Tony Esposito tente tant bien que mal de surveiller la rondelle.

Bob Gainey

Un leader et un capitaine exemplaire

«Bob Gainey a sans l'ombre d'un doute été l'un des plus grands joueurs à caractère défensif de l'histoire des Canadiens. Cet homme-là m'a toujours impressionné par sa force de caractère, sa détermination et son ardeur au jeu. Il était un grand leader, qui n'avait pas besoin de faire de grands discours pour se faire comprendre par ses coéquipiers qui le respectaient énormément», relate Denis Brodeur.

Bob Gainey fut le tout premier choix des Canadiens au repêchage amateur de 1973, le huitième au total. Reconnu pour ses qualités défensives, il s'est avéré un joueur de premier plan tout au cours de ses 16 saisons passées avec le Tricolore. Il présente une fiche éloquente: il a gravé son nom sur la coupe Stanley à cinq reprises, et a remporté quatre saisons consécutives le trophée Frank-J.-Selke décerné au meilleur attaquant défensif de la ligue.

«Bob Gainey a connu son heure de gloire en 1979, lorsqu'on lui a décerné le trophée Conn-Smythe, au terme des séries de fin de saison. Les Canadiens ont remporté la coupe Stanley cette année-là aux dépens des Rangers de New York, au Forum. Gainey avait été extraordinaire en défensive, mais il avait aussi marqué six buts et amassé dix passes en 16 rencontres. Bob, un homme calme et posé qui était un vrai joueur d'équipe, était radieux lorsqu'il apprit qu'il remportait ce trophée, un moment que j'ai immortalisé avec ma caméra», poursuit Denis Brodeur.

Intronisé au Temple de la Renommée en 1992, Bob Gainey accepta en juin 1990 le poste d'entraîneur-chef des North Stars du Minnesota. À sa première saison à la barre de l'équipe, Gainey causa toute une surprise en conduisant son équipe à la finale de la coupe Stanley contre les Penguins de Pittsburgh. Les Penguins l'emportèrent finalement en six rencontres, mais Gainey pouvait évidemment se targuer d'avoir accompli un bel exploit.

Bob Gainey force le gardien Richard Brodeur des Canucks de Vancouver à se surpasser.

Bob Gainey, capitaine des Canadiens, fêtant en 1986 sa cinquième victoire en finale de la coupe Stanley, alors que Guy Carbonneau, qui n'en était qu'à sa quatrième saison complète avec l'équipe, voyait son rêve se réaliser pour la première fois.

En 1979, le capitaine Serge Savard félicite Bob Gainey pour avoir remporté le trophée Conn-Smythe décerné au joueur le plus utile à son équipe durant les séries éliminatoires.

Le défenseur Paul Coffey tente de stopper Bob Gainey, qui s'apprête à déjouer le gardien des Oilers d'Edmonton.

Wayne Gretzky

Un joueur dominant

Wayne Gretzky, originaire de Brantford en Ontario, n'était encore qu'un enfant qu'il comptait déjà des buts avec une facilité déconcertante. Il rêvait alors de jouer un jour dans la Ligue Nationale de Hockey, de suivre les traces de l'une de ses idoles, le grand Gordie Howe, surnommé *Monsieur Hockey*. Gretzky a fait mieux: il a récrit de grandes pages du livre des records de la Ligue Nationale en devenant l'athlète le plus marquant du hockey professionnel des années quatre-vingt.

Wayne Gretzky avait 17 ans lorsqu'il signa en 1978 son premier contrat professionnel avec les Racers d'Indianapolis de l'Association Mondiale de Hockey (AMH). Plus tôt, lors de la saison 1977-1978, avec le club junior de Sault-Sainte-Marie, Gretzky avait marqué 70 buts et amassé 112 passes en 64 matchs, ce qui était bien suffisant pour que les dirigeants des Racers décident de faire un pied de nez à ceux de la LNH en offrant un contrat à ce jeune joueur de centre. À l'époque, aucune équipe de la Ligue Nationale ne pouvait en faire autant, car elles ne pouvaient pas réclamer au repêchage amateur un joueur de moins de 20 ans (règlement qui fut modifié au cours de la saison 1978-1979).

Gretzky dans l'uniforme des Kings de Los Angeles. Il a connu sa meilleure année avec les Kings en 1988-1989, marquant 54 buts et récoltant 114 passes.

Gretzky ne disputa que huit rencontres avec les Racers, car le propriétaire, l'homme d'affaires Nelson Skalbania, décida, contraint par des problèmes financiers, de vendre son jeune joueur aux Oilers d'Edmonton, propriété de Peter Pocklington. Grâce à ses 43 buts et 61 passes, Gretzky fut choisi recrue de l'année dans l'AMH. C'est à la fin de cette saison que l'Association Mondiale fut démantelée et que la LNH décida d'admettre quatre équipes dans ses rangs: les Nordiques de Québec, les Jets de Winnipeg, les Whalers de Hartford et les Oilers d'Edmonton. Gretzky fit donc ses débuts dans la Ligue Nationale lors de la saison 1979-1980. Il prouva alors à tous ses dénigreurs que son talent n'était pas un feu de paille et que ses succès n'étaient pas liés au calibre de jeu dit «inférieur» de l'AMH.

Cette année-là, le numéro 99 marqua 51 buts et amassa 86 passes, soit 137 points. Marcel Dionne avait obtenu un nombre égal de points, mais obtint le trophée Art-Ross parce qu'il avait inscrit deux buts de plus que lui. La direction de la LNH jugeant que Gretzky n'était pas une recrue puisqu'il avait joué un an dans l'AMH, celui-ci ne fut pas éligible à l'obtention du trophée Calder, attribué à Raymond Bourque.

Dans les années suivantes, Gretzky domina littéralement le jeu: champion compteur de la LNH à neuf reprises, il n'a jamais connu une saison de moins de 100 points, sauf en 1992-1993 quand il dut rater plusieurs parties en raison de maux de dos. C'est en 1985-1986 que Gretzky connut sa meilleure saison, marquant 52 buts et récoltant 163 passes (215 points).

«Comme tout le monde, raconte Denis Brodeur, j'ai été ébloui par les performances de Gretzky. J'ai souvent eu l'occasion de le photographier hors de la patinoire parce qu'à une certaine époque, lors de la présentation annuelle des trophées de la LNH, j'étais embauché par les Oilers d'Edmonton pour faire des photographies de Wayne. Comme il remportait à l'époque à peu près tous les trophées, j'ai été souvent appelé à travailler avec lui. C'est un homme charmant, très bien éduqué, qui ne s'est surtout jamais cru plus important que son sport.»

Wayne Gretzky demeure le seul joueur à avoir totalisé plus de 200 points en une saison, exploit qu'il a accompli à quatre reprises. Bref, bien peu de records et de trophées

Wayne Gretzky, sans l'ombre d'un doute, le joueur le plus marquant du hockey des années quatre-vingt.

ont échappé au «99»: avant le début de la saison 1992-1993, il avait inscrit son nom à 28 reprises sur différents trophées de la LNH. Au cours de la saison 1989-1990, il a dépassé Gordie Howe au premier rang des pointeurs de l'histoire de la LNH. La prochaine marque qu'il tentera d'abaisser, celle du nombre de buts, est aussi détenue par Howe avec ses 801 buts réussis en 26 saisons. À la fin de la campagne 1992-1993, Gretzky en totalisait 765 obtenus en 14 saisons.

Même si Gretzky n'a que 32 ans, nombreux sont ceux qui croient qu'il décline et que l'heure de la retraite avance à grands pas. Denis Brodeur ne partage pas tout à fait cette opinion. «Gretzky a ralenti quelque peu, notamment en raison des blessures, mais je crois qu'il a encore quelques bonnes années devant lui, car il est très intelligent sur la glace et possède une vision exceptionnelle du jeu. Même s'il est moins rapide que lors de ses belles années, il reste l'un des meilleurs du circuit.»

Wayne Gretzky a été au cœur de l'une des plus grosses transactions du monde du sport le 9 août 1988. Ce que tous les amateurs de hockey croyaient impensable se concrétisait. Peter Pocklington, propriétaire des Oilers, annonçait qu'il avait échangé Wayne Gretzky, qui, en compagnie de Mike Krushelnyski et de Marty McSorley, passait aux

Kings de Los Angeles, contre Jimmy Carson et Martin Gélinas, les choix de première ronde des Kings aux repêchages de 1989, 1991 et 1993, et la somme de 15 millions de dollars. Gretzky, secoué par le changement qui survenait dans sa vie, accepta les larmes aux yeux le pari du propriétaire des Kings, Bruce McNall, de relancer les Kings de Los Angeles et d'implanter solidement le hockey en Californie.

Pari tenu et mission accomplie, puisque depuis cette transaction, Gretzky a constitué une incroyable attraction à Los Angeles. Le plus grand rêve de Gretzky était évidemment de conduire les Kings à une première conquête de la coupe Stanley… exploit qu'il a bien failli réussir, les Kings étant défaits en cinq parties par les Canadiens en finale de la coupe Stanley lors de la saison 1992-1993.

Par sa finesse, son jeu intelligent, le «99» a été l'ambassadeur par excellence du hockey professionnel. Ses prouesses ont contribué à populariser le hockey au Canada et aux États-Unis, Gretzky ne se gênant pas d'ailleurs au passage pour dénoncer la violence, les coups salauds et les bagarres. Il est à douter que certains de ses records soient un jour battus. Il en détient plus de 30 et chaque point qu'il récolte rend ses records de moins en moins accessibles. Longtemps blessé en 1992-1993, il n'a compté que 16 buts et amassé 49 passes au cours des 45 parties auxquelles il a participé.

Wayne Gretzky pose fièrement avec les trophées Hart et Lady-Byng, remportés au terme de sa première saison dans la Ligue Nationale (1979-1980).

Wayne Gretzky est concentré sur la mise au jeu lors d'une partie opposant le Canada à l'Union soviétique dans le cadre du Tournoi de la Coupe Canada.

Le «99» menace, tout près du filet des Canadiens, alors que Patrick Roy pare à toute éventualité avec son gant.

Gordie Howe

Une force de la nature

Aussi incroyable que cela puisse paraître, Gordie Howe a joué durant 26 saisons dans la Ligue Nationale. En comptant en outre les années passées dans l'AMH avec les Aeros de Houston et les Whalers de la Nouvelle-Angleterre, l'athlète de 1,82 m né en 1928 a joué 32 campagnes chez les professionnels, avant de se décider «à accrocher ses patins» à l'âge de 52 ans. Une véritable force de la nature, un athlète exceptionnel que ce Gordie Howe!

C'est au début de la saison 1946 que Gordon Howe, portant le numéro 17, fit ses débuts avec les Red Wings de Detroit. À sa première partie le 16 octobre 1946, il compta son premier but contre le gardien Turk Broda des Maple Leafs de Toronto. Le premier d'une longue série de 801...

Le 29 octobre 1947, Howe porta le chandail numéro 9 pour la première fois. Trois jours plus tard, l'instructeur Tommy Ivan décidait de réunir en un trio Howe (aile droite), Ted Lindsay (aile gauche) et le capitaine Sid Abel. La *Production Line,* l'une des plus célèbres lignes d'attaque de l'histoire de la LNH, venait de naître. Lorsque Sid Abel prit sa retraite en 1954, il fut remplacé au sein de la *Production Line* par Alex Delvecchio, qui brilla durant 24 saisons avec les Wings.

Gordie Howe remporta son premier championnat des compteurs en 1950-1951, puis personne ne put lui enlever ce titre au cours des trois saisons suivantes. Howe réussit à nouveau l'exploit en 1956-1957, puis en 1962-1963. Howe remporta également six fois le trophée Hart. «Gordie Howe, explique Denis Brodeur, était respecté par ses adversaires parce qu'il était imposant, un grand joueur possédant un lancer des poignets très puissant et précis.

«Je l'ai photographié souvent, même après sa carrière, et chaque fois que Gordie posait avec quelqu'un à ses côtés, il s'est toujours amusé à faire une petite blague. Il me disait: "Ready, Denis?" Moi je lui répondais "Ready, Gordie!" et, au moment où je prenais la photo, Gordie donnait un petit coup de coude amical dans le ventre ou au visage de la personne à ses côtés. On en riait chaque fois lui et moi.»

Avec les Wings, Gordie Howe vit son nom gravé sur la coupe Stanley à quatre reprises, notamment en 1955. Cette année-là, les Red Wings remportèrent les honneurs de la finale en sept parties contre les Canadiens, privés des services de Maurice Richard. Parce qu'il avait frappé un juge de

Gordie Howe, dans l'uniforme des Aeros de Houston de l'Association Mondiale, en 1973. Gordie sortit de sa retraite, à 45 ans, afin d'avoir la chance de jouer avec ses fils.

ligne, ce dernier avait été suspendu par le président Clarence Campbell pour les trois dernières parties de la saison régulière et pour les séries éliminatoires.

Puisqu'il est question de Maurice Richard, Gordie Howe fit longtemps l'objet de comparaisons avec le *Rocket.* «Lequel des deux joueurs était le meilleur?», voilà la question qui était sur toutes les lèvres des amateurs de hockey dans les années cinquante. Howe et Richard avaient deux styles bien différents: le *Rocket* était plus explosif, plus spectaculaire, mais Howe gagna rapidement ses lettres de noblesse, particulièrement à compter de la saison 1949-1950, alors qu'il marqua 35 buts et récolta 33 passes. En 1952-1953, il vint bien près d'atteindre le plateau des 50 buts, exploit réussi par Richard en 50 parties au cours de la saison 1944-1945, mais il termina finalement la saison avec une fiche de

Le 27 novembre 1965, Gordie Howe compta au Forum son 600e but contre le gardien Lorne Worsley.

49 buts en 70 parties. Lequel était le meilleur? C'est une question à laquelle il n'y aura jamais de réponse!

Gordie Howe prit sa retraite au terme de la saison 1970-1971, fort d'une fiche de 786 buts en carrière. Mais, à la surprise de tous, il décida d'effectuer un retour au jeu en 1973 avec les Aeros de Houston de l'Association Mondiale de Hockey. Il avait alors 45 ans. L'offre pécuniaire généreuse et, surtout, la possibilité de pouvoir évoluer avec ses fils Mark et Marty, motiva sa décision. Joli coup de marketing des dirigeants de l'AMH, car partout où jouaient les Aeros de Houston, on se déplaçait pour voir évoluer le père Howe et ses fils. Les trois Howe et les Aeros de Houston remportèrent la coupe Avco (l'équivalent de la coupe Stanley) en 1974 et en 1975. Ce sont sans doute des souvenirs inoubliables dans la vie de Gordie Howe, qui a eu l'occasion de partager de grands moments de bonheur avec ses fils.

Lorsque l'AMH fut dissoute en 1979, Howe et ses fils évoluaient avec les Whalers de la Nouvelle-Angleterre (en 1978, à 50 ans, Gordie Howe était encore le meilleur pointeur des Whalers avec 96 points). Les Whalers admis dans la Ligue Nationale, Gordie décida de poursuivre l'aventure avec ses fils. Gordie joua donc sa 26e et dernière saison dans la LNH, avant de se retirer définitivement en juin 1980 à l'âge de 52 ans.

Courtois et gentil, Gordie Howe a été un ambassadeur hors pair pour le hockey professionnel. Surnommé *Monsieur Hockey*, il a vu plusieurs de ses records battus par Wayne Gretzky, sauf ceux, bien sûr, qui ont trait à la longévité de sa carrière. Le record le plus prestigieux qu'il détient toujours est celui de 801 buts réussis en saison régulière. Seul Wayne Gretzky pourrait bientôt réussir à le dépasser avec sa fiche de 765 buts au terme de la saison 1992-1993.

Gordie Howe, sous les regards d'Yvan Cournoyer et de John Ferguson, menace la forteresse du gardien des Canadiens.

«J'ai pu photographier Stan Mikita, Bobby Hull et Gordie Howe à Montréal alors qu'ils participaient à un événement permettant à des amateurs d'affronter les idoles de leur enfance. Les trois joueurs avaient bien du plaisir à se retrouver.» —Denis Brodeur

Lors des festivités entourant la présentation du match des étoiles à Montréal en 1993, Henri Richard présenta un immense gâteau d'anniversaire à Gordie Howe pour souligner son 65e anniversaire.

Sous les yeux de Darryl Sittler et d'Henri Richard, Gordie Howe, visiblement ému, salue les spectateurs du Forum.

Bobby Hull

Le précurseur

Bobby Hull, surnommé *La comète blonde,* fut l'une des grandes vedettes de la Ligue Nationale des années soixante.

Bobby Hull était l'une des plus grandes attractions de la Ligue Nationale dans les années soixante. Vedette des Black Hawks de St. Catharines, Hull gradua avec les Black Hawks de Chicago en 1957 à l'âge de 18 ans. À sa première saison, il marqua 13 buts et récolta 34 passes (47 points). On lui préféra cependant Frank Mahovlich, 19 ans, comme recrue de l'année, même si le jeune joueur des Leafs de Toronto avait obtenu moins de points que Hull, soit 36, résultant de 20 buts et 16 passes.

Bobby Hull prit véritablement son envol lors de la saison 1959-1960, alors qu'il marqua 39 buts et amassa 42 passes. Il termina bon premier chez les pointeurs, remportant ainsi le premier de ses trois trophées Art-Ross. Patineur très puissant, possédant un lancer frappé qui filait, dit-on, à quelque 185 km/h, Hull fut surnommé *La comète blonde* parce qu'il avait les cheveux blonds et qu'il filait à la vitesse de l'éclair sur la patinoire. C'est lui qui popularisa le lancer frappé, déjà employé cependant par Bernard *Boum Boum* Geoffrion des Canadiens (d'où son surnom) et Andy Bathgate des Rangers. Avec son coéquipier Stan Mikita, Hull fut le premier à utiliser des bâtons à lame courbée, qui imprimaient une trajectoire courbe à la rondelle, au grand dam des gardiens de l'époque.

En 1960-1961, Hull remporta la seule coupe Stanley de sa carrière et, la saison suivante, il marqua 50 buts pour devenir le troisième joueur de l'histoire, après Maurice Richard et Bernard Geoffrion, à atteindre ce sommet. Quelques années plus tard, en 1965-1966, il surpassa cette marque en réussissant 54 buts.

En fait, Bobby Hull était si bon que les entraîneurs adverses décidèrent de lui imposer un «couvreur», afin de tenter de le neutraliser. Denis Brodeur s'en souvient: «Le plus célèbre d'entre eux fut sans doute Claude Provost, l'ailier droit des Canadiens, qui n'avait pas son pareil pour contrer les efforts des joueurs-vedettes des autres clubs. C'était formidable de voir jouer Bobby Hull... il avait une formidable vitesse d'accélération et terrorisait les gardiens de but avec son lancer frappé.»

Bobby Hull marqua plus de 40 buts à huit reprises, et totalisait 604 buts au terme de la saison 1971-1972 lorsqu'il décida de tourner le dos à la Ligue Nationale et de signer un contrat de plusieurs millions avec les Jets de Winnipeg de l'Association Mondiale de Hockey. Comme cette ligue en était à ses premiers balbutiements, Hull fit donc figure de précurseur en acceptant de quitter les Black Hawks pour joindre les rangs de l'AMH. Cette ligue avait été créée par un groupe d'hommes d'affaires américains pour concurrencer la LNH et profiter ainsi de la popularité du hockey. Lorsque Bobby Hull signa son contrat avec les Jets, son geste incita comme prévu plusieurs autres joueurs attirés par l'argent, dont Derek Sanderson et Ted Green des Bruins, à joindre les rangs de cette nouvelle ligue professionnelle qui amorça ses activités en octobre 1972. Elle comptait alors 12 équipes, dont les Nordiques de Québec. Le défenseur Jean-Claude Tremblay fut le premier joueur de la LNH à signer un contrat avec les Nordiques et une des premières vedettes de cette équipe dans l'AMH, suivi entre autres par Réal Cloutier, Réjean Houle et Marc Tardif.

À sa première saison dans l'AMH, Hull fut évidemment l'une des grandes vedettes du circuit, comptant 51 buts en 63 parties. Mais dès cette première saison, certaines

Bobby Hull dans l'uniforme des Jets de Winnipeg, alors qu'il effectuait un retour dans la Ligue Nationale après avoir été l'un des héros de l'AMH.

Bobby Hull discutant avec le gardien Tony Esposito, le matin d'un match disputé au Forum.

Bobby Hull termina sa carrière avec les Whalers de Hartford où il joua aux côtés d'une autre «légende», Gordie Howe.

équipes de l'AMH connurent des difficultés financières. Les propriétaires des équipes poursuivirent néanmoins la lutte contre la LNH en faisant signer des contrats à des joueurs renommés. De plus, pour tenter de sauver le circuit et de faire entrer de l'argent dans les coffres, plusieurs autres équipes virent le jour, jusqu'à ce qu'on atteigne le chiffre incroyable de vingt-six formations. Avec le temps, plusieurs clubs de l'AMH durent cesser leurs activités. Quant à Bobby Hull, il continuait d'attirer beaucoup de spectateurs, le trio des Jets qu'il formait avec Anders Hedberg et Ulf Nilsson faisant sensation.

Le 22 juin 1979, l'AMH étant à bout de souffle et incapable de poursuivre ses activités (on n'y comptait plus alors que six équipes), la direction de la Ligue Nationale décida d'admettre quatre formations de cette ligue dans ses rangs. Il s'agissait des Nordiques de Québec, des Jets de Winnipeg, des Whalers de Hartford et des Oilers d'Edmonton.

Après avoir été repêché par les Jets de Winnipeg (lors du grand repêchage visant à former les quatre nouvelles équipes du circuit Ziegler), Bobby Hull, qui avait décidé de se retirer, accepta de revenir au jeu. Âgé de 40 ans, il fut cependant échangé en 1980 aux Whalers de Hartford où il eut l'occasion de jouer quelque temps avec un autre célèbre joueur portant le numéro 9, Gordie Howe. Hull dut opter pour un autre numéro, le 16, celui qu'il avait d'ailleurs à ses débuts avec les Black Hawks de Chicago.

Au terme de sa carrière de 16 saisons dans la LNH, Bobby Hull avait marqué 610 buts et récolté 560 passes. Il fut membre à 10 reprises de la première équipe d'étoiles.

Jim Roberts des Canadiens tente de maîtriser Bobby Hull avant qu'il ne s'empare de la rondelle.

Guy Lafleur

L'idole

Guy Lafleur était destiné à connaître une brillante carrière dans la Ligue Nationale après avoir régné en roi et maître sur le hockey junior avec les Remparts de Québec. Grâce à un tour de passe-passe du directeur-gérant des Canadiens, Sam Pollock, le Tricolore put mettre la main sur Lafleur, premier choix du repêchage de 1971. Pollock avait cédé son premier choix de repêchage de 1970 aux Golden Seals de la Californie et avait obtenu en échange le premier choix de cette minable équipe en 1971. Et puisque les Seals terminèrent au dernier rang du classement en 1970-1971, comme l'avait si bien prévu Pollock, c'est lui qui eut le loisir de prendre la parole le premier, le 10 juin 1971, à l'hôtel Reine-Elizabeth où se déroulaient les assises de la Ligue Nationale. Il faut dire que Pollock avait eu l'heureuse idée de refiler Ralph Backstrom aux Kings de Los Angeles, ce qui devait leur permettre de devancer les Seals et d'ainsi assurer les Canadiens du tout premier choix au repêchage.

Les fans des Canadiens et les amateurs de hockey voyaient en Lafleur un digne successeur de Jean Béliveau, qui avait pris sa retraite en juin de la même année. Ainsi, lorsque Guy s'amena au camp d'entraînement en septembre, la pression était très forte pour ce jeune homme de 20 ans et les attentes, plutôt terrifiantes.

À ses trois premières saisons, Lafleur s'avéra un bon joueur, comptant 29, 28 et 21 buts, mais déçut bien des gens, qui se souvenaient de ses 209 points obtenus lors de sa dernière année avec les Remparts. Au début de la saison 1974-1975, Lafleur décida de jouer sans son casque protecteur. Sans doute un effet du hasard, mais, à partir de ce moment, Lafleur fit flèche de tout bois en réussissant 53 buts et en obtenant 66 passes au cours de la saison. Il s'agissait de la première d'une série de six années consécutives au cours desquelles Lafleur compta 50 buts et plus avec les Canadiens. Cheveux au vent, patinant avec rapidité et déjouant ses adversaires en effectuant des feintes aussi bien à gauche qu'à droite, possédant un puissant lancer, Lafleur devint le joueur le plus excitant de la seconde moitié des années soixante-dix. C'était un nouveau joueur, différent du Lafleur des trois premières années. Grâce notamment à son brio et à

Lafleur en action sur la glace du Forum, là où il connut tant d'heures de gloire.

l'excellence de son jeu, la coupe Stanley demeura à Montréal durant quatre années consécutives, de 1976 à 1979. Guy Lafleur était alors la grande vedette de la ligue et, sans contredit, le meilleur ailier droit. Il a remporté le championnat des compteurs à trois reprises, a reçu le trophée Lester-B.-Pearson trois fois et gagné le trophée Hart à deux occasions. Lafleur s'est aussi illustré au cours des séries de fin de saison, obtenant 133 points en 124 parties avec les Canadiens. En 1977, on lui décerna le trophée Conn-Smythe pour sa prestation en matchs éliminatoires (26 points en 14 parties). Guy Lafleur a remporté la coupe Stanley à cinq reprises et a terminé son séjour avec les Canadiens avec une fiche de 518 buts et 728 passes en 961 parties, soit un total de 1246 points, devançant ainsi par 27 points l'une de ses grandes idoles, Jean Béliveau. Mais derrière ce superbe joueur, il y avait aussi un homme...

Guy Lafleur, c'est connu, n'a jamais eu la langue dans sa poche. Tout à fait le genre de héros qu'affectionne le peuple québécois. Franc et direct, il a souvent fait des déclarations fracassantes, même si elles lui ont parfois attiré des ennuis. Si son style sur la patinoire avait le don d'électriser les foules, ses propos faisaient les délices des journalistes. Le public, lui, généralement, se rangeait du côté de Lafleur, son idole.

«Lorsqu'on voulait rencontrer Guy, on n'avait qu'à se rendre très tôt aux séances d'entraînement des Canadiens, car il était toujours le premier habillé, prêt à sauter sur la patinoire. Il avait aussi l'habitude, lors des parties, d'arriver plusieurs heures avant le début. Je le connais depuis longtemps puisque je l'ai photographié à l'époque où il jouait pour les Remparts, dans les rangs juniors. Il a toujours été très chic avec moi, s'est toujours prêté de bonne grâce à toutes les séances de photographie que j'ai eu à faire avec lui.

«Il y a quelques années, *Paris-Match* avait lancé une édition québécoise, et on m'avait demandé de me rendre à New York pour y photographier Guy. J'ai rejoint Guy chez lui, en banlieue de New York, et une limousine blanche d'environ trente-cinq pieds est venue nous prendre, pour nous permettre de nous rendre en différents endroits pour les besoins du reportage. Là, j'ai été surpris parce qu'à New York, où il y a du monde comme c'est pas possible, tu t'imagines qu'un individu peut passer inaperçu comme une goutte d'eau dans l'océan. Mais pas Guy Lafleur. À Times Square, entre autres, tout le monde le reconnaissait; il a fallu interrompre notre séance de photos pour lui permettre de signer des autographes. Cela a été une journée sensationnelle et Guy, comme toujours, a été d'une gentillesse incroyable.»

Guy Lafleur, un joueur qui fut adulé au cours de sa carrière avec les Canadiens.

Lorsque, le 26 novembre 1984, les Canadiens tinrent une conférence de presse au cours de laquelle Guy apprit aux médias, devant tous ses coéquipiers, qu'il se retirait, tout le monde fut étonné. Guy affirma dans son discours rempli d'émotion que «jamais les Canadiens ne m'ont forcé à prendre ma retraite». Mais bien des gens se doutaient que la vérité était autre... Guy avait sans doute ralenti, mais pas au point de se retirer. Plusieurs joueurs des Canadiens et d'autres équipes étaient convaincus que Lafleur

Après avoir déjoué habilement le gardien des Rangers, *Flower* s'apprête à lancer le disque dans un filet désert.

pouvait encore jouer du bon hockey. Dans son for intérieur, Guy aussi, sans doute... Denis Brodeur confie: «Moi aussi j'ai été surpris. Guy était encore un bon joueur, le coup de patin était encore là, mais il lui manquait peut-être cette fraction de seconde si importante qui fait la différence entre un bon et un excellent joueur.»

On lui organisa une fête grandiose au Forum, une soirée mémorable que bien des amateurs de hockey n'ont pas négligé de conserver sur ruban magnétoscopique. Ses proches étaient sur la glace, à ses côtés, et la foule lui fit des adieux émouvants, de beaux et tristes moments...

Guy travailla 10 mois dans l'organisation des Canadiens, prit le temps de vivre, connut de beaux moments avec sa famille. Il affirmait, lorsqu'on lui posait la question, qu'il ne s'ennuyait aucunement du hockey, qu'il avait tourné la page.

«À l'été 1988, la veille du jour où il annonça son intention d'effectuer un retour au jeu, Guy se trouvait chez moi, pour une séance de photographie. Il ne m'a jamais dit que, le lendemain, il annoncerait son retour au jeu. Beaucoup ont ensuite affirmé que c'était impossible, qu'il ne réussirait pas, mais moi, j'étais convaincu du contraire. Guy était dans une forme physique splendide, avait encore un bon coup de patin, et avait surtout du cœur au ventre. Je savais qu'il pourrait tirer son épingle du jeu encore un an ou deux.»

Guy, convaincu qu'il avait encore sa place dans la Ligue Nationale, et se disant sans doute qu'il ne perdait rien à tenter le coup, se mit résolument à l'entraînement à la suite d'une invitation des Rangers de New York à participer à leur camp d'entraînement, prévu pour le début de septembre, à Trois-Rivières. Lafleur, qui s'entraînait rarement l'été au cours de sa carrière avec les Canadiens, arrivait toujours au camp d'entraînement frais comme une rose, en excellente condition physique. Mais cette fois, c'était différent. Il se mit sérieusement à l'œuvre et suivit un programme exigeant de mise en forme habituellement destiné aux boxeurs.

Phil Esposito, directeur-gérant de l'équipe, et Michel Bergeron, l'entraîneur, furent épatés par le rendement de Guy lors du camp d'entraînement. Même si les cheveux étaient moins nombreux à voler au vent, Guy, qui célébra ses 37 ans le 20 septembre, patinait toujours aussi vite, et semblait n'avoir rien perdu de sa touche de marqueur. *Flower*, comme ses coéquipiers l'appelaient, démontrait tout son talent et faisait preuve d'un enthousiasme hors du commun. Il fut et demeure un exemple de courage, de ténacité et de détermination pour tous ceux et celles qui sont parfois tentés de baisser les bras devant le destin, et qui cessent de se battre.

Le Québec tout entier suivit les péripéties de ce retour du célèbre numéro 10 qui, finalement, entreprit

Une séance de photographie visant à démontrer que Guy Lafleur produisait à un «rythme d'enfer».

Lafleur dans ses premiers temps avec le Tricolore, bien avant qu'il décide de jouer sans casque protecteur.

une 15e saison dans la Ligue Nationale. Ce fut l'événement médiatique du début de cette saison de hockey.

Lafleur joua 67 parties avec les Rangers, marquant 18 buts et récoltant 27 passes. Le 4 février 1989, lors de son premier match contre les Canadiens au Forum, il parvint à déjouer Patrick Roy à deux reprises dans la défaite des siens… à la grande joie des spectateurs.

Après une année à New York, Lafleur signa un contrat avec les Nordiques et joua durant deux saisons à Québec, où il avait connu tant de succès lorsqu'il était jeune. Il marqua 12 buts lors de chacune de ces saisons avant d'annoncer qu'il prendrait définitivement sa retraite à la fin de la campagne 1991. Au printemps de 1991, Guy Lafleur fut honoré dans plusieurs villes du circuit, avant de remiser ses patins pour de bon. L'homme avait réussi ce que la plupart des gens croyaient impossible et il était allé au bout de sa passion. Guy pouvait désormais dormir tranquille, après s'être relevé de belle façon et avoir prouvé qu'il pouvait encore briller dans ce qu'il savait le mieux faire depuis toujours: jouer au hockey.

Guy Lafleur durant ses belles années avec les Canadiens. Tous les moyens étaient bons pour l'empêcher de marquer.

Dans l'uniforme des Rangers, lors de sa première partie à Montréal, Guy Lafleur parvint au grand plaisir de la foule à déjouer Patrick Roy.

Guy Lafleur salue la foule lors de la soirée d'hommages présentée au Forum après avoir pris sa retraite. Beaucoup d'émotion pour les parents de Guy, son épouse Lise, son fils Martin, et Mme Eva Baribeau, sa logeuse lorsqu'il habitait Québec pour jouer avec les Remparts.

Guy Lafleur est félicité par ses coéquipiers Rick Green et Guy Carbonneau après avoir marqué un but.

Guy Lafleur, dans l'uniforme des Nordiques, salue la foule du Forum. Guy a définitivement pris sa retraite au terme de la saison 1990-1991.

Guy Lapointe

Un défenseur fiable

Guy Lapointe, membre du *Big Three* dans les années soixante-dix avec les Canadiens et gagnant de six coupes Stanley, fut l'un des défenseurs les plus fiables du club. Robuste, habile contrôleur de rondelle et excellent joueur de pointe lors des avantages numériques, Guy Lapointe, surnommé *Pointu*, joua sa première saison complète avec les Canadiens en 1970-1971. Il établit un record d'équipe (encore inégalé!) en devenant la première recrue en défensive à marquer 15 buts. Sans être particulièrement spectaculaire, Guy Lapointe connaissait rarement de mauvais matchs. Sa meilleure saison: celle de 1974-1975, alors qu'il marqua 28 buts et amassa 75 points. Il fut sélectionné à quatre reprises au sein des équipes d'étoiles de la ligue avant d'être échangé le 9 mars 1982 aux Blues de St. Louis. Lapointe a terminé sa carrière avec les Bruins de Boston, après avoir joué plus de 850 parties en 16 saisons dans la Ligue Nationale. En juin 1993, il a été admis au Temple de la Renommée du Hockey.

Denis Brodeur a beaucoup à raconter sur Guy Lapointe: «J'ai côtoyé Guy alors qu'il était très jeune, car ses parents demeuraient en arrière du centre Immaculée-Conception où je travaillais. Je l'ai vu jouer lorsqu'il était adolescent et, de même que pour Marcel Dionne et Guy Lafleur, il était évident que ce jeune allait évoluer un jour dans la Ligue Nationale. Son talent crevait les yeux.

«Guy était tout un joueur de tours, un boute-en-train mais aussi un homme au cœur d'or. Je me souviens d'un incident survenu lors d'une victoire de la coupe Stanley des Canadiens au Garden de Boston. À l'époque, quand une équipe remportait la coupe Stanley, c'était la ruée sur la patinoire, ça courait partout, c'était l'enfer. Heureusement, ce n'est plus comme ça aujourd'hui. Alors ce soir-là, je saute moi aussi sur la patinoire pour aller photographier des joueurs des Canadiens. Mon sac sur l'épaule, deux ou trois appareils dans le cou, des objectifs en bandoulière, je me dirigeais vers les joueurs lorsqu'un objectif est tombé de mon sac sans que je m'en aperçoive. Un individu l'a ramassé et s'est enfui. Guy Lapointe, témoin de la scène, a tenté de rattraper le voleur, mais en vain. Il est ensuite venu me voir, tout peiné, pour me dire qu'il n'avait malheureusement pas réussi à récupérer mon objectif. De le voir s'occuper de moi de cette façon, se faire du mauvais sang pour moi alors que ses coéquipiers célébraient et criaient sur la patinoire, cela m'a vraiment touché.»

Guy Lapointe, un défenseur robuste et fiable, détient toujours le record des Canadiens pour le plus grand nombre de buts réussis par un défenseur en une saison (28).

Jacques Lemaire

Excellent sous la pression

Tous ceux qui ont eu la chance de voir évoluer Jacques Lemaire avec les Canadiens se souviennent que ce joueur de centre possédait un lancer frappé retentissant qui lui a permis d'enregistrer plusieurs des 366 buts obtenus au cours de sa carrière. Lemaire s'est joint aux Canadiens au début de la saison 1967-1968 et a joué durant 12 saisons avec l'équipe. Excellent en offensive et en défensive, habile tacticien, il a connu sa meilleure campagne en 1977-1978, obtenant 36 buts et 61 passes. C'était l'époque où il jouait en compagnie de Steve Shutt et de Guy Lafleur, qui connurent avec lui de productives saisons.

Jacques Lemaire fut reconnu comme un joueur complet, à son meilleur lorsque l'enjeu était grand et la pression, forte. En séries éliminatoires, il a compté 61 buts en 145 parties. L'un des plus importants survint le 18 mai 1971, lors de la septième et décisive partie de la finale opposant les Canadiens aux Black Hawks. Denis Brodeur raconte: «Chicago menait 2-0 et semblait donc s'acheminer vers la victoire à la fin de la deuxième période lorsque Jacques Lemaire décocha un puissant tir de la ligne bleue en direction du gardien Tony Esposito. La rondelle passa au-dessus de son épaule droite et entra dans le but. Ce filet

Jacques Lemaire joue les acrobates en prenant appui sur Jean Ratelle pour rattraper le disque.

Jacques Lemaire vient de lancer, et la rondelle s'apprête à pénétrer dans le filet malgré les efforts du gardien des Capitals de Washington… l'un des 366 buts de Lemaire en saison régulière.

de Lemaire sembla fouetter et inspirer la troupe de l'entraîneur Al MacNeil. Quelques instants plus tard, Jacques Lemaire effectua une passe à Henri Richard, qui égala le pointage. Richard devait inscrire un autre but en troisième période pour finalement permettre aux Canadiens de remporter la coupe Stanley.»

Lors de la finale de la coupe Stanley en 1977, c'est encore Jacques Lemaire qui se distingua, marquant cette fois en temps supplémentaire le but gagnant contre les Bruins lors de la quatrième partie. Après avoir remporté sa huitième coupe Stanley en 1979, Jacques Lemaire annonça sa retraite. Il vécut une expérience fort enrichissante en décidant de s'expatrier en Suisse pour devenir joueur-entraîneur d'une équipe durant deux saisons, avant de revenir et d'accepter le poste d'entraîneur à l'Université de Plattsburgh. L'année suivante, il dirigea les Chevaliers de Longueuil de la Ligue de hockey junior majeur du Québec.

Le 24 février 1984, le directeur-gérant Serge Savard le choisissait comme entraîneur des Canadiens pour succéder à Bob Berry, un poste qu'il occupa jusqu'à la fin de la saison avant de céder sa place à Jean Perron au cours de l'été.

Jacques Lemaire a été admis au Temple de la Renommée du Hockey en juin 1984 et occupait jusqu'à tout récemment le poste d'adjoint au directeur-gérant des Canadiens, en plus d'être directeur-gérant des Canadiens de Fredericton. Le 28 juin 1993, il a accepté le poste d'entraîneur-chef des Devils du New Jersey.

Mario Lemieux

Talent, courage et détermination

Non seulement Mario Lemieux est considéré, à juste titre, comme le plus grand joueur de hockey professionnel de l'heure, mais il a aussi mérité l'admiration de tous en faisant preuve d'un courage et d'une détermination hors du commun lors de la saison 1992-1993. Il avait été forcé de rater plusieurs parties au cours des dernières campagnes en raison de ses maux de dos (il n'a disputé que 26 parties lors de la saison régulière de 1990-1991). Or, voilà qu'on apprit au début de 1993 que Mario souffrait d'un cancer, la maladie de Hodgkin. La nouvelle eut l'effet d'une bombe. Mario Lemieux fut contraint à l'inactivité pour suivre des traitements. Le «66» des Penguins connaissait alors une saison exceptionnelle et se dirigeait aisément vers l'obtention d'un quatrième titre de meilleur compteur de la ligue, devançant facilement le joueur de centre Pat LaFontaine des Sabres de Buffalo.

Le joueur de centre des Penguins, même miné par les blessures et la maladie, demeure un athlète hors du commun.

Mario Lemieux, la vedette de l'heure dans la Ligue Nationale.

Alors que les plus alarmistes affirmaient qu'il ne serait pas de retour au jeu avant septembre 1993, Mario, fidèle à son habitude, émit peu de commentaires, se contentant de déclarer qu'il suivrait les traitements recommandés par les médecins et qu'il espérait être de retour au jeu avec son équipe pour participer aux séries éliminatoires.

Les traitements débutèrent et, rapidement, on commença à chuchoter dans l'entourage des Penguins que le joueur de centre réagissait très bien aux radiations et qu'il songeait même à effectuer un retour beaucoup plus tôt que prévu. Bien sûr, il ne put participer au match des étoiles à Montréal le 6 février. Mario vint tout de même à Montréal,

Le *Grand Mario*, à l'époque où il faisait des ravages dans les rangs juniors avec la formation de Laval.

invité par les dirigeants de la Ligue Nationale, et apparut sur la patinoire lors des présentations protocolaires, revêtu du chandail qu'il devait porter au cours de cette partie.

Mais le 2 mars, à la surprise générale, Mario, qui n'avait jamais cessé de patiner, revint au jeu contre les Flyers de Philadelphie sitôt ses traitements terminés.

Dans l'intervalle, Pat LaFontaine, profitant de l'absence du *Grand Mario* durant 23 rencontres, avait accaparé la première position des compteurs, devançant le joueur des Penguins par 18 points. On connaît la suite: même s'il n'était évidemment pas au sommet de sa condition physique, Mario se mit à récolter les points à un rythme d'enfer et parvint à reprendre la tête du classement des compteurs. Il aida ainsi les Penguins à devancer les Canadiens au classement général, permettant pour la première fois à son équipe de terminer la saison avec la meilleure fiche de la ligue. En route vers son quatrième championnat des marqueurs, le «66» réalisa même l'exploit de marquer cinq buts contre les Rangers de New York le 9 avril, sa deuxième performance du genre au cours de sa carrière.

Mario termina la saison avec une fiche de 69 buts et 91 passes, soit 160 points en seulement 60 parties, soit 12 points de plus que Pat LaFontaine. Ce remarquable retour au jeu a sans aucun doute été l'événement marquant du sport en 1993.

Marqué par le destin, Mario n'a jamais baissé la tête et s'est toujours donné corps et âme pour son équipe, qui l'a sélectionné au premier rang du repêchage de 1984. Comme Pittsburgh n'avait récolté que 38 points en 1983-1984, cela lui permettait de mettre la main sur ce joueur qui avait marqué 133 buts durant sa dernière saison dans les rangs juniors avec les Voisins de Laval.

Lors de sa première saison avec les Penguins, Mario marqua 43 buts et récolta 57 passes, remportant ainsi le trophée Calder. Au cours des cinq saisons suivantes, Mario ne récolta jamais moins de 100 points, frôlant même en 1988-1989 de 16 points le sommet de 215 atteint par Wayne Gretzky en 1985-1986. En 1990-1991, Mario ne joua que 26 parties avec les Penguins, après avoir été opéré au dos; malgré cela, il amassa 19 buts et 26 passes, et conduisit les Penguins à leur première conquête de la coupe Stanley en obtenant 44 points, dont 16 buts, en seulement 23 parties de séries éliminatoires. Il reçut bien sûr le trophée Conn-Smythe, exploit qu'il répéta en 1991-1992 en obtenant 34 points en 15 parties (il rata six parties après avoir reçu un coup de bâton au poignet, une «gracieuseté» d'Adam Graves des Rangers). Menés par Lemieux, les Penguins «prirent la mesure» des Black Hawks de Chicago en quatre parties consécutives lors de la finale, remportant la coupe Stanley pour une seconde fois consécutive.

Mario Lemieux et Wayne Gretzky photographiés lors de Rendez-Vous 87 à Québec. Deux joueurs extraordinaires qui en ont mis «plein la vue» aux amateurs de hockey.

Lors de la partie des étoiles présentée en Montréal en 1993, Mario salue la foule, qui lui accorde une ovation du tonnerre.

Mario Lemieux a déjà marqué à jamais l'histoire de son sport. Il n'est pas faux d'affirmer qu'il y a «Mario et les autres» tellement sa supériorité est évidente. Si la maladie peut lui laisser un peu de répit, Mario pourra encore réaliser certains rêves, dont celui d'établir un nouveau record pour le plus grand nombre de points réussis en une saison. N'eût été des parties ratées en 1992-1993, il y a tout lieu de croire que Mario aurait réussi à atteindre cet objectif.

Denis Brodeur a photographié Mario lorsque ce dernier brillait avec Laval dans le hockey junior et n'a pas manqué une seule de ses visites au Forum. Comme tous les amateurs de hockey, il se réjouit du fait qu'on verra plus souvent les Penguins et Mario Lemieux au Forum à partir de l'automne 1993, en raison de la restructuration des divisions.

«Mario est un homme réservé, discret et d'une patience exemplaire avec ses fans. Je ne le connais pas beaucoup, mais, comme tout le monde, il n'en finit plus de m'épater. En plus d'être un joueur incomparable, c'est un homme qui est très bon et qui amènera sûrement un grand nombre de personnes atteintes du cancer ou d'une autre maladie à se relever les manches et à se battre, comme lui.»

Mario, presque seul devant le but, c'est dangereux… pour le gardien!

Frank et Pete Mahovlich

Deux frères bien différents

Le grand Pete Mahovlich, 1,95 m, n'était pas facile à déplacer devant le filet adverse.

Les frères Frank et Pete Mahovlich ont évolué respectivement 18 et 16 saisons dans la Ligue Nationale.

Frank connut une glorieuse carrière et fut l'un des joueurs marquants de l'histoire des Maple Leafs de Toronto, avec lesquels il fit ses débuts en 1957. Ce jeune ailier gauche impressionna tellement à sa première saison qu'il devança Bobby Hull au scrutin et remporta le trophée Calder avec une fiche de 20 buts et 16 passes. *Le grand M*, comme on l'appelait, remporta la coupe Stanley à quatre reprises avec les Leafs et fut l'un des meilleurs joueurs de l'équipe, même si on raconte qu'il éprouvait beaucoup de difficulté à supporter la pression. Il fut impliqué dans l'un des plus gros échanges de l'histoire de la ligue: le 3 mars 1968, les Leafs cédaient aux Red Wings de Detroit Mahovlich, Garry Unger, Pete Stemkowski et les droits sur le défenseur Carl Brewer contre Paul Henderson, Norm Ullman et Floyd Smith.

Dès la saison suivante, en comptant 49 buts, Mahovlich fit taire ses dénigreurs, qui le déclaraient «fini» parce qu'il avait compté seulement 18 et 19 buts lors des campagnes de 1966-1967 et 1967-1968.

Frank ne joua que deux saisons complètes avec les Wings et après avoir disputé 35 parties avec l'équipe de l'entraîneur Ned Harkness, il fut à nouveau au cœur d'une autre transaction le 13 janvier 1971. Les Wings l'échangèrent à Montréal en retour de Mickey Redmond, Bill Collins et Guy Charron. Chez les Canadiens, Frank retrouva avec joie son frère Pete avec lequel il avait joué en 1968-1969. Tous deux contribuèrent à la conquête de la coupe Stanley par les Canadiens aux dépens des Black Hawks en 1971, de quoi consoler Frank qui avait été ébranlé par la dernière transaction…

Frank Mahovlich connut la meilleure saison de sa carrière avec les Canadiens en 1971-1972, alors qu'il marqua 43 buts et amassa 53 passes. Il disputa deux autres saisons avec l'équipe, avant de se laisser tenter durant quatre ans par l'aventure de l'AMH, avec les Toros de Toronto et les Bulls de Birmingham. Au terme de sa carrière dans la LNH, Frank affiche un dossier de 533 buts et 570 passes en plus des 51 filets réussis en 137 parties de séries éliminatoires.

«Les deux frères Mahovlich, raconte le photographe Denis Brodeur, sont deux gars fantastiques. Mais ils sont bien différents: Frank est très tranquille, un peu timide, très poli, prenant toujours le temps de saluer, de dire un bon mot. Quant à Pete, il aimait faire le bouffon, s'amuser, ce qui ne l'empêchait pas d'être sérieux sur la patinoire et de faire preuve de beaucoup de détermination.»

Pete Mahovlich, plus jeune que Frank de huit ans, fut acquis des Red Wings par le Canadien le 6 juin 1969 avec le défenseur Bart Crashley en retour de Gary Monahan et de Doug Piper. Il n'avait disputé que 82 parties dans la LNH et marqué seulement 9 buts. Il fut aussitôt envoyé au club-école de l'équipe, les Voyageurs de Montréal, où il marqua 21 buts et amassa 19 passes en 31 parties. Grâce à ces succès, il fut rappelé par les Canadiens et termina la saison à Montréal où il disputa 36 parties. C'est en 1970, à sa première saison complète avec le club, que le grand Pete se mit à «produire», inscrivant 35 buts. Souvent accusé de ne pas suffisamment passer la rondelle à ses coéquipiers, Mahovlich connut sa meilleure année en 1974-1975, alors qu'il marqua 35 buts et récolta 82 passes (pas mal, pour un gars qui, disait-on, monopolisait la rondelle!).

Pete et Frank Mahovlich posant sur la glace du Forum lors d'une partie des anciens des Canadiens et des Leafs.

Guy Lapointe et Henri Richard entourent Frank Mahovlich, qui célèbre son 500e but. C'était le 21 mars 1973 au Forum. Le but fut marqué contre le gardien Dunc Wilson des Canucks de Vancouver.

Les Canadiens comptaient donc à l'époque sur des joueurs de centre de grande qualité en Pete Mahovlich, Jacques Lemaire, Doug Risebrough et Doug Jarvis. Solide gaillard de plus de 1,95 m, bon vivant et blagueur, Mahovlich joua un peu plus de sept saisons avec le Tricolore, contribuant à la conquête de quatre coupes Stanley.

La direction des Canadiens l'échangea aux Penguins de Pittsburgh le 29 novembre 1977 avec Peter Lee, obtenant en retour le centre Pierre Larouche et Peter Marsh. L'ancien porteur du numéro 20 des Canadiens a mis un terme à sa carrière en 1981, après 16 ans dans la Ligue Nationale.

Frank Mahovlich compte, contre les North Stars du Minnesota, l'un de ses 43 buts réussis au cours de la saison 1970-1971 avec les Canadiens.

Pete Mahovlich remet une plaque à son frère Frank, au nom de la direction des Canadiens, lors d'une fête organisée en son honneur au Forum.

Bobby Orr

Si seulement son genou...

Bobby Orr, joueur vedette des Generals d'Oshawa, avait 18 ans lorsqu'il fit ses débuts avec les Bruins de Boston en octobre 1966. Il fut le premier joueur représenté par un agent, un avocat peu connu du nom d'Alan Eagleson... qui négocia son contrat avec la direction des Bruins. Orr rejoignait une équipe plutôt faible: de 1961 à 1965, les Bruins avaient terminé au dernier rang du classement et n'avaient réussi à se hisser en cinquième position que la saison précédente... un point devant les Rangers de New York; ils avaient donc besoin de renfort. Même si on le savait doué, personne ne pouvait prédire que ce jeune homme originaire de Parry Sound en Ontario allait révolutionner le hockey professionnel.

Bobby Orr joua sa première partie le 19 octobre. Ce fut le début d'une brillante carrière écourtée, malheureusement, par les blessures. Orr, qualifié par bon nombre

Bobby Orr et Phil Esposito, deux joueurs qui connurent des moments extraordinaires avec les Bruins de Boston.

Bobby Orr surveillé de près par Frank Mahovlich.

Bobby Orr met à l'épreuve le gardien Gary Smith lors de la partie d'étoiles de 1975.

d'experts comme le joueur le plus complet de l'histoire de la ligue, commença dès 1968 à éprouver des douleurs à son genou gauche. Il dut subir six opérations avant de prendre finalement sa retraite, après avoir disputé seulement neuf saisons complètes dans la LNH. Mais ces saisons furent inoubliables, extraordinaires. Orr devint le «défenseur offensif» par excellence du circuit, remportant dès sa première saison le trophée Calder, avec une fiche de 13 buts et 28 passes, une performance «incroyable» pour un défenseur. Mieux: avec ces résultats, il surpassait les succès offensifs d'attaquants talentueux tels Bobby Hull et Gordie Howe à leur première saison dans la ligue. Orr remporta le trophée Norris de 1968 à 1975 en plus d'exceller à l'offensive. Bobby Orr devint en 1970 le premier défenseur à remporter le championnat des compteurs et, du même coup, le trophée Art-Ross (il répéta l'exploit en 1975). De plus, il mérita le trophée Hart à trois reprises (1970, 1971 et 1972), et reçut le Conn-Smythe en 1970 et en 1972.

Bobby Orr connut sa meilleure saison offensive en 1970-1971 alors qu'il marquait 37 buts et amassait 102 passes (139 points) en 78 parties. Ces formidables performances lui permirent d'établir deux records qu'il détient encore, soit le plus grand nombre de passes et de points réussis par un défenseur en une saison. Bobby Orr, qui portait le numéro 4, marqua 30 buts et plus au cours de cinq saisons et présentait à la fin de sa carrière une fiche de 270 buts et 645 passes en seulement 657 parties.

Le Tournoi de la Coupe Canada de 1976 permit à Orr de prouver qu'il était encore un joueur exceptionnel malgré un genou en piteux état. On reconnaît à ses côtés Guy Lafleur et Marcel Dionne.

Les Bruins constituaient il y a vingt ans une formidable «machine offensive» grâce, entre autres, à Orr, qui participa à deux conquêtes de la coupe Stanley en 1970 et en 1972.

Les Bruins connurent leur meilleure saison de l'époque en 1970-1971, obtenant 121 points au classement général. Cette année-là, Phil Esposito termina au premier rang des marqueurs avec 152 points (dont 76 buts), secondé par de solides coéquipiers qui amassaient beaucoup de points: Orr (139), Bucyk (116) et Hodge (105). Les Bruins étaient puissants, mais on connaît l'histoire: largement favoris en 1971, ils se heurtèrent aux Canadiens et à leur gardien recrue Ken Dryden qui, contre toute attente, brisèrent le cœur des partisans des Bruins en éliminant l'équipe de l'entraîneur Tom Johnson en sept parties lors des quarts de finale.

«Bobby Orr était un joueur assez facile à photographier, car il était souvent en possession de la rondelle. Lorsqu'il était sur la patinoire, il contrôlait le jeu à la façon de Raymond Bourque. Pour une agence de publicité de New York, j'ai eu l'occasion de le photographier avec de jeunes joueurs, il y a quelques années; j'ai découvert que Bobby Orr aimait beaucoup rire et s'amuser. Un chic type, dans toute la force du mot.»

Le 24 juin 1976, après avoir joué seulement 10 parties la saison précédente en raison de son genou usé et blessé, Bobby Orr signa un contrat à titre d'agent libre avec les Black Hawks de Chicago, persuadés que Orr pouvait redevenir l'étoile qu'il était si son genou parvenait à tenir le coup. Aussi, quelle ne fut pas la surprise des journalistes et des autres joueurs à la fin de l'été lorsqu'ils virent apparaître Bobby Orr au camp d'entraînement de l'équipe du Canada qui se préparait pour le Tournoi de la Coupe Canada. Selon plusieurs, Orr n'avait pas sa place au sein de cette équipe. Mais le défenseur de 28 ans, même s'il n'était pas en pleine possession de ses moyens, était à son poste lorsque le tournoi débuta.

Orr à la rescousse de son gardien Gerry Cheevers.

Lors de la partie des étoiles présentée à Montréal en 1975, Bobby Orr prend le temps de signer quelques autographes lors de l'exercice précédant le match.

Ce fut la dernière grande prestation de Bobby Orr. Il disputa six parties, obtenant deux buts et sept passes, et mena son équipe à la victoire. Il fut choisi trois fois joueur par excellence d'un match, et il termina sur un pied d'égalité au premier rang des marqueurs du tournoi avec le Russe Victor Zhluktov et Denis Potvin. Orr fut si sensationnel qu'on le désigna sans hésiter joueur par excellence de la finale. Tout cela était de bon augure pour l'entraîneur des Black Hawks, Billy Reay, et Bobby Orr se voyait déjà connaître une autre saison comme celle de 1974-1975, alors qu'il avait marqué 46 buts, récolté 89 passes et remporté le championnat des compteurs.

Malheureusement, Orr ne disputa que 20 rencontres avec Chicago, amassant 4 buts et 19 passes, puis fut contraint à l'inactivité à cause de son genou. En avril 1977, il dut subir une sixième opération au genou et rata toute la saison 1977-1978. Il ne disputa ensuite que six autres parties dans l'uniforme des Black Hawks avant d'annoncer sa retraite à l'âge de 30 ans. La Ligue Nationale perdit donc deux grands joueurs la même semaine, puisque Bobby Hull annonça lui aussi qu'il quittait le hockey.

On pourrait se demander quels autres exploits Bobby Orr aurait pu accomplir s'il n'avait pas été si souvent blessé. Chose certaine, il reste l'un des meilleurs défenseurs offensifs de l'histoire de la Ligue Nationale.

Gilbert Perreault

Un choix gagnant

Punch Imlach, le directeur-gérant et entraîneur des Sabres de Buffalo, l'une des deux nouvelles équipes à joindre les rangs de la Ligue Nationale en 1970, fut le premier à prendre la parole lors du repêchage de 1970 à Montréal. Imlach sélectionna le tout premier joueur de l'histoire des Sabres, un joueur de centre du Canadien Junior de Montréal, Gilbert Perreault, âgé de 19 ans. C'était le 11 juin; Perreault décida de porter le chandail numéro 11, un numéro qui deviendrait célèbre au cours des années suivantes.

Dès sa première saison, Perreault se distingua en remportant le trophée Calder grâce à 38 buts et 34 passes. Gilbert Perreault forma dans les années suivantes l'un des trios les plus redoutables de la ligue aux côtés de Richard Martin et de René Robert, une ligne d'attaque appelée *French Connection*.

Gilbert Perreault conduisit les Sabres à la finale de la coupe Stanley contre les Flyers en 1975, la seule occasion où Buffalo atteignit la finale, mais Philadelphie enleva les honneurs en six parties. La saison suivante fut la meilleure des 17 campagnes de Perreault en carrière: il marqua 44 buts, récoltant 113 points et terminant au troisième rang des marqueurs de la ligue derrière Guy Lafleur et Bobby Clarke.

Souvent comparé à Jean Béliveau en raison de son style, de ses feintes et de sa finesse, Gilbert Perreault prit sa retraite en 1987, avec une fiche de 512 buts et 814 passes. Il fut admis au Temple de la Renommée en 1990, et son chandail est le seul que la direction des Sabres ait retiré à ce jour, en hommage à celui qui fut le premier héros de l'équipe.

Posté dangereusement devant le filet des Canadiens, Gilbert Perreault débutait sa carrière lorsque cette photographie fut prise en 1971 au Forum. Le gardien Ken Dryden est aux aguets.

Jacques Plante

L'innovateur

Non seulement Jacques Plante fut l'un des meilleurs gardiens de but de l'histoire des Canadiens, conservant une moyenne de buts alloués par match de 2,22 en 10 saisons avec Montréal, mais il fut surtout un grand innovateur. C'est lui qui, le premier, porta régulièrement un masque protecteur, incitant les autres gardiens de la ligue à imiter son geste. Il fut aussi le premier à populariser les sorties hors de son rectangle pour effectuer une passe à un défenseur, dégager son territoire ou prendre possession de la rondelle et provoquer un arrêt de jeu.

Né le 17 janvier 1929, Jacques Plante est devenu le gardien numéro un de l'équipe lors de la saison 1954-1955, succédant à Gerry McNeil qui avait joué sept ans avec les Canadiens. Plante avait cependant connu des débuts remarquables lors de la saison 1952-1953, disputant trois parties de la saison régulière, et quatre des séries, ce qui lui valut de voir son nom gravé sur la coupe Stanley une première fois en 1953, un exploit répété cinq autres fois au cours de sa carrière. Plante remporta en 1962 le trophée Hart et a vu son nom gravé sept fois sur le trophée Vézina, dont six fois avec les Canadiens.

Jacques Plante était âgé de 30 ans lorsqu'il porta la première fois, lors d'une partie régulière de la Ligue Nationale, le masque qu'il avait conçu. C'était le 1er novembre 1959, au Madison Square Garden de New York. Au cours de la première période, Andy Bathgate des Rangers entre en zone adverse avec la rondelle et se trouve à trois mètres de Plante lorsqu'il effectue un lancer du revers. Jacques Plante reçoit la rondelle en plein visage et s'écroule sur la glace. Supporté par Maurice Richard et Dickie Moore, Plante quitte la patinoire, le visage ensanglanté, et se rend à l'infirmerie. L'entraîneur Toe Blake va s'enquérir de la condition de son gardien. Plante le rassure, lui disant qu'il va revenir au jeu, mais ajoute: «Je veux jouer avec mon masque.» Vingt minutes plus tard, après avoir reçu sept points de suture, Plante, le visage masqué, revient au jeu et aide les Canadiens à vaincre les Rangers par le pointage de 3-1. Après la partie, Plante déclara à un journaliste de *La Presse:* «Je crois avoir prouvé une fois pour toutes que je vois clairement avec mon masque. Je suis prêt à le porter régulièrement.»

Ce masque, Jacques Plante le portait déjà depuis un certain temps lors des exercices de l'équipe, mais Toe Blake s'opposait à ce que son gardien l'utilise au cours d'une partie.

Jacques Plante, l'innovateur, salue la foule du Forum une dernière fois en 1985, lors du dévoilement de l'équipe de rêve des Canadiens.

Jacques Plante avait eu l'idée de concevoir ce masque après avoir visité la salle de chirurgie plastique de l'Hôpital général de Montréal. Il avait fait prendre les empreintes de son visage dans un plâtre et se disait persuadé, en montrant fièrement sa nouvelle pièce d'équipement, que ce masque contribuerait à réduire le nombre de blessures au visage chez les gardiens. Le 5 novembre, lors de la partie suivante des Canadiens, Plante porta son masque pour la première fois au Forum, encore une fois face aux Rangers.

«J'ai très bien connu Jacques Plante, raconte Denis Brodeur, j'ai joué au baseball contre lui, je l'ai photographié souvent. Il a beaucoup fait pour le hockey et pour les gardiens de but. Quand il est revenu à Montréal après avoir utilisé son masque la première fois à New York, je suis allé le voir à un entraînement des Canadiens. À ce moment-là, je gardais les buts dans la ligue senior, pour le Montréal Olympique; et je lui ai demandé où il avait obtenu son masque. Il m'a donné les renseignements et, une semaine plus tard, je devenais le premier gardien de but amateur à porter un masque, suivant son exemple.»

Le 4 juin 1963, les Canadiens effectuèrent une transaction majeure en échangeant Jacques Plante, Don Marshall et Phil Goyette aux Rangers de New York, en retour du gardien Lorne Worsley et de Dave Balon, Léon Rochefort et Len Ronson. Plante joua une saison et demie avec New York avant de se retirer. Toutefois, en 1968, les Blues de St. Louis parvenaient à le convaincre d'effectuer un retour au jeu pour partager le filet avec un autre vétéran gardien, Glenn Hall. Plante, alors âgé de 40 ans, disputa 37 parties, conservant une moyenne de 1,96 but par match, et remporta le trophée Vézina avec Hall. Les deux gardiens conduisirent cette équipe «de l'expansion» jusqu'à la finale de la coupe Stanley contre les Canadiens, qui l'emportèrent en quatre parties consécutives.

Après avoir joué ensuite pour Toronto et Boston, Jacques Plante prit définitivement sa retraite en 1973. Considéré comme l'un des meilleurs gardiens de l'histoire de la ligue, Jacques Plante s'est éteint le 27 février 1986, victime du cancer. Un an plus tôt, le 12 janvier 1985, il avait fièrement revêtu l'uniforme des Canadiens sur la glace du Forum lorsqu'il avait été choisi «gardien de but de l'équipe de rêve» du Tricolore.

Jacques Plante avec King Clancy, l'un des deux entraîneurs des Leafs de Toronto, entourant le gardien Bernard Parent durant la saison 1971-1972.

Jacques Plante et Denis Brodeur, photographiés à l'occasion de la présentation d'une partie regroupant une majorité d'anciens joueurs de la LNH.

Maurice Richard et Jacques Plante entourent l'entraîneur Toe Blake le 17 décembre 1983, lors de la fête en l'honneur des gagnants de cinq coupes Stanley consécutives. Jacques Plante a participé à six conquêtes de la coupe Stanley.

Henri Richard

Le seul gagnant de 11 coupes Stanley!

Henri Richard, le seul joueur de l'histoire de la Ligue Nationale qui a remporté la coupe Stanley à 11 reprises.

Henri Richard détient un record qui ne sera probablement jamais égalé: 11 coupes Stanley en 20 ans de carrière avec les Canadiens. Frère cadet de l'illustre Maurice Richard qui était déjà une grande vedette avec les Canadiens quand il se présenta à 19 ans au camp d'entraînement en 1955, lui-même grande vedette du hockey junior, il fit une telle impression que le directeur-gérant Frank Selke décida de lui faire signer un contrat et de lui permettre de commencer la saison à Montréal. On ne lui accordait pas un traitement de faveur parce qu'il était le frère de Maurice: son talent crevait les yeux et «il y avait de la place» au sein de l'équipe. Pourtant, même si Henri Richard démontrait de belles qualités, entre autres de passeur, peu de gens lui prédisaient une longue carrière dans la Ligue Nationale en raison de son gabarit: il mesurait seulement 1,70 m et faisait osciller la balance à 72 kg. Mais Henri était plus costaud qu'il n'en avait l'air et quand des «durs» des équipes adverses voulurent lui «souhaiter la bienvenue», Henri ne recula devant aucun adversaire et prouva rapidement qu'il était solide. En fait, pour le coincer, il fallait d'abord réussir à l'attraper... Avec son frère Maurice et l'ailier gauche Dickie Moore comme compagnons de trio, Henri connut beaucoup de succès. Il marqua même 28 buts et récolta 52 passes à sa troisième saison.

Henri possédait un style bien différent de celui de son frère Maurice, ce qui lui évita d'être comparé à son frère, le célèbre numéro 9 des Canadiens. Henri était un excellent «fabricant de jeux» et accordait beaucoup d'importance à l'aspect défensif du jeu. Il n'avait pas «l'instinct de marqueur» de son frère Maurice, mais il termina tout de même sa carrière avec 358 buts et, surtout, 688 passes, ce qui démontre bien qu'il était habile dans la préparation des buts de ses coéquipiers. Avec ses 688 passes, il se classe au troisième rang des meilleurs passeurs de l'histoire des Canadiens, derrière Guy Lafleur et Jean Béliveau.

L'un des plus beaux moments de sa carrière survint le 5 mai 1966, à Detroit, lors de la sixième partie de la finale de la coupe Stanley. Les Canadiens menaient 2-0 lorsque Norm Ullman réduisit l'écart à mi-chemin en deuxième période. Puis, en troisième période, Floyd Smith déjoua Lorne Worsley pour forcer les deux équipes à aller en prolongation. La période de surtemps n'était vieille que de quelques minutes lorsque Henri accepta une passe de Dave Balon et parvint, alors qu'il chutait en direction du filet, à lancer la rondelle et à déjouer le gardien Roger Crozier. Les Canadiens remportèrent ainsi la 14e coupe Stanley de leur histoire.

Autre moment important dans la carrière du *Pocket Rocket:* la victoire des Canadiens, en sept parties, contre les Black Hawks de Chicago en 1971. Dirigé par Al MacNeil, qui avait succédé à Claude Ruel en décembre 1970, les Canadiens atteignirent la finale après avoir vaincu les Bruins puis les North Stars du Minnesota, grâce notamment au brio du gardien recrue Ken Dryden. Les Hawks remportèrent les deux premières parties de la finale à Chicago. Henri, que MacNeil utilisait peu, traita publiquement ce dernier d'incompétent. Malgré les problèmes internes qui accablaient l'équipe, les joueurs des Canadiens remportèrent les deux parties suivantes pour égaler la série. Les Hawks remportèrent le cinquième match 2-0 à Chicago, mais le Tricolore gagna 4-3 à Montréal. Les Black Hawks menaient 2-0 lors du septième et décisif match, lorsque Jacques Lemaire parvint à déjouer Tony Esposito d'un tir de la ligne bleue. Il restait moins de deux minutes à jouer en deuxième période lorsque Richard, plus combatif que jamais, déterminé à prouver à MacNeil

Claude Provost, Gilles Tremblay et Henri Richard faisant des exercices d'assouplissement sur la glace du Forum.

qu'il avait eu tort de le clouer au banc, déjoua Esposito après avoir reçu une passe de Lemaire. Puis, au début de la troisième période, c'est encore Richard qui prit rapidement les choses en main, inscrivant son deuxième but de la soirée. Les Canadiens résistèrent ensuite aux attaques des joueurs des Hawks, Dryden se montrant intraitable. Les Canadiens remportèrent la coupe, une dixième pour Henri.

En 1973, toujours contre Chicago, Henri marqua à nouveau deux buts dans le sixième match de la finale, conduisant les siens à une victoire de 6-4 et à une autre coupe Stanley, sa onzième.

«Henri est un homme qui est très gêné, qui ne parle pas beaucoup. J'ai une tonne de photographies de lui, car c'était le genre de joueur qui semblait être toujours en possession de la rondelle. Henri n'était pas gros, mais il était dans une condition physique superbe et, encore aujourd'hui, il joue régulièrement au tennis et au golf. Lors des parties des anciens joueurs des Canadiens, il est souvent l'un des meilleurs.»

Henri Richard à l'assaut du filet des Penguins de Pittsburgh.

Henri Richard et Jean Béliveau célèbrent une autre conquête de la coupe Stanley par les Canadiens.

Le valeureux vétéran et la verte recrue… Henri Richard et Guy Lafleur.

Un moment de répit pour Henri Richard, John Ferguson et Claude Provost lors d'une séance d'entraînement.

Sous les yeux des défenseurs George Armstrong et Larry Hillman ainsi que de l'avant Yvan Cournoyer, le tir d'Henri Richard vient d'être stoppé *in extremis* par le gardien des Leafs de Toronto, Terry Sawchuk.

Maurice Richard

Le feu dans les yeux...

Hiver 1942. C'était bien avant la Révolution tranquille, bien avant l'arrivée de la télévision, au beau milieu de la Deuxième Guerre mondiale... Adélard Godbout était premier ministre du Québec depuis 1939 après avoir infligé une sévère défaite à Maurice Duplessis et à l'Union nationale; à la radio, le peuple écoutait religieusement le feuilleton *Un homme et son péché* de Claude-Henri Grignon, le chapelet... et la retransmission des parties des Canadiens de Montréal. Malheureusement, les Canadiens connaissaient encore une fois une piètre saison, menacés de terminer au dernier rang du classement, alors que la lutte pour l'obtention de la première position se faisait entre les formations de New York, Toronto et Boston. Pendant ce temps, un joueur nommé Maurice Richard, qui avait connu beaucoup de succès chez les juniors, évoluait pour le Canadien Senior. Ce joueur avait beaucoup de talent mais malheureusement, il était souvent blessé.

Maurice Richard, «légende vivante», un joueur qui a écrit de grandes pages de l'histoire du hockey.

À sa première partie avec le Canadien Senior en 1940, contre les As de Québec, Richard s'était fracturé la cheville gauche: il dut prendre son mal en patience jusqu'à l'automne suivant. Puis, au milieu de sa première année, toujours avec le Canadien Senior, il subit une fracture du poignet gauche et fut absent deux mois. Malgré ces blessures, le jeune Richard avait démontré qu'il était un excellent patineur, habile marqueur et doté d'un lancer foudroyant. Spectaculaire, il semblait visiblement prêt pour la Ligue Nationale. Les Canadiens, plus que jamais à la recherche de bons joueurs, s'empressèrent de l'inviter à leur camp d'entraînement de 1942.

Maurice en mit «plein la vue» au directeur-gérant Tommy Gorman et à l'entraîneur Dick Irvin, si bien qu'on lui fit signer son premier contrat professionnel deux jours avant l'ouverture de la saison régulière. Richard, portant le chandail numéro 15, disputa sa première partie le 31 octobre 1942. À son troisième match, le 8 novembre 1942, il marqua son premier but contre le gardien des Rangers de New York, Steve Buzinski.

Tout allait pour le mieux pour Richard, et l'entraîneur Dick Irvin était persuadé que sa recrue deviendrait l'une des grandes vedettes de la ligue lorsqu'il fut à nouveau blessé le 27 décembre, après avoir été mis en échec lors d'une partie contre Boston. Sa saison venait de prendre fin et, la cheville droite immobilisée dans le plâtre, Richard fit l'objet de sarcasmes, les journalistes et les amateurs de hockey prétendant que ce bon joueur semblait fait en porcelaine et trop fragile pour évoluer dans la Ligue Nationale. On raconte que Maurice, découragé, songea même à la retraite. Il n'avait joué que 16 parties lors de sa première année avec les Canadiens, marquant 5 buts et récoltant 6 passes, et lui aussi commençait à se demander sérieusement si la guigne cesserait un jour de le poursuivre.

La suite fait depuis longtemps partie de l'histoire. Richard se présenta complètement rétabli au camp d'entraînement en 1943. Le 27 octobre, il devint papa d'une belle grosse fille de neuf livres et, question d'attirer la chance, demanda à son entraîneur Dick Irvin s'il pouvait troquer le chandail numéro 15 pour le 9. Jamais il n'aurait songé qu'il connaîtrait dès lors une glorieuse carrière et que son chandail serait retiré en son honneur en octobre 1960.

Maurice connut une excellente saison, enregistrant 32 buts et 22 passes en 46 parties. Il jouait en compagnie du joueur de centre Elmer Lach et de l'ailier gauche Toe Blake, un trio qui fut surnommé la *Punch Line.* Au cours des séries éliminatoires, Richard démontra tout son talent en réussissant

Maurice Richard à l'œuvre lors d'une partie d'anciens joueurs de la Ligue Nationale contre ceux des Red Wings, au début des années soixante-dix.

une performance de cinq buts lors d'un match contre Detroit et le gardien Harry Lumley. Maurice marqua 12 buts en 9 parties au cours des séries de fin de saison, qui prirent fin quand les Canadiens battirent les Black Hawks de Chicago en quatre parties lors de la finale, remportant ainsi la coupe Stanley après une disette de 13 ans. Richard avait fait taire les sceptiques!

La saison suivante fut extraordinaire pour Maurice, et la *Punch Line* en fit voir de toutes les couleurs aux gardiens adverses. Richard devint le premier joueur de l'histoire de la LNH à marquer 50 buts en 50 parties. Lach, Richard et Blake terminèrent premier, deuxième et troisième au classement des compteurs de la Ligue Nationale, ayant respectivement cumulé 80, 73 et 67 points.

Maurice Richard était devenu l'idole des Canadiens français. Sa façon de marquer des buts alors qu'il était souvent retenu par un joueur adverse ou couché sur la glace captivait les amateurs. La détermination et la force dont il faisait preuve ne laissaient personne indifférent. Le «feu dans les yeux», Maurice fonçait comme un bolide en territoire adverse avec une énergie incroyable. Son surnom de *Rocket,* on ne peut plus approprié, lui fut accolé par son coéquipier Ray Getliffe et tous les journalistes de l'époque ne tardèrent pas à utiliser régulièrement ce surnom.

Pour raconter tous les exploits du *Rocket,* ses buts importants marqués de façon étonnante, les performances extraordinaires comme celle où, complètement épuisé à la suite d'un déménagement, il marqua cinq buts et récolta trois passes contre le club adverse, il faudrait noircir des pages et des pages. Maurice «avait le sang chaud» et, lorsqu'il en avait assez de «se faire accrocher» par les joueurs adverses (ce qu'il dut toujours subir, car ses adversaires avaient la consigne de tout tenter pour freiner le *Rocket),* Maurice jetait les gants et réglait ses comptes, démontrant qu'il était d'ailleurs un excellent bagarreur. Mais deux événements majeurs, passés à l'histoire, méritent d'être racontés.

Ainsi, le 8 avril 1952, lors de la septième et décisive partie de la demi-finale, Maurice marqua un but extraordinaire

Trois idoles: Maurice Richard, Guy Lafleur et Bernard Geoffrion.

Maurice Richard, dans l'uniforme des Canadiens, en action sur la patinoire du Forum.

contre les Bruins au Forum. Alors que le pointage était égal 1-1 en deuxième période, Richard fut blessé au-dessus de l'œil gauche, en tentant de se frayer un chemin entre les défenseurs en territoire adverse. Il fut conduit à la clinique du Forum où on lui fit six points de suture. Richard, visiblement sonné, alla s'asseoir au banc des joueurs en troisième période. Le pointage était toujours égal à trois minutes de la fin du temps réglementaire lorsque Maurice fit signe à Dick Irvin qu'il était prêt à sauter sur la glace, même si, selon les témoignages, il semblait plutôt sur le point de s'évanouir. Dans sa zone, Richard reçut la rondelle et fonça en direction du but des Bruins. Entraîné par le défenseur Bill Quackenbush dans le coin droit de la patinoire, Maurice parvint à se dégager,

Aux côtés du maire de Laval, Jacques Tétreault, Gordie Howe et Maurice Richard signent le livre d'or de la ville, lors de la tenue d'un tournoi pee-wee.

Cette photographie rappelle d'excellents souvenirs à Denis Brodeur, car ces joueurs ont été ses idoles quand il était jeune. Ce sont Maurice Richard, Émile *Butch* Bouchard, Toe Blake et Elmer Lach.

coupa en direction du filet et lança, déjouant le gardien Jim Henry. Richard venait de fournir un effort colossal et, selon l'avis d'une foule d'experts, marqua ainsi son but le plus spectaculaire.

L'autre fait saillant de la carrière de Maurice Richard fut la suspension que lui infligea le président Clarence Campbell le 16 mars 1955. Plus tôt, lors d'un match contre les Bruins à Boston, Richard avait été atteint par un coup de bâton du défenseur Hal Laycoe. Maurice avait voulu lui régler son compte, mais un juge de ligne était intervenu et Maurice, qui «voyait rouge», avait frappé l'officiel. Pour ce geste, Maurice fut suspendu pour les trois dernières parties du calendrier régulier, ce qui lui enlevait pratiquement toute chance de remporter pour la première fois le championnat des compteurs, en plus d'être exclu des séries éliminatoires. Clarence Campbell eut l'audace de se présenter au Forum le 17 mars, alors que les Canadiens affrontaient les Red Wings de Detroit. Dès que les spectateurs aperçurent le président de la LNH, divers projectiles volèrent en sa direction tandis que des huées et des cris se faisaient entendre partout dans le Forum. À la fin de la première période, un partisan parvint à s'approcher de Campbell et tenta de le frapper au visage. Les policiers l'en empêchèrent, mais, quelques secondes plus tard, une bombe lacrymogène explosait tout près de la section où était assis Campbell. Le Forum fut évacué, la partie, concédée aux Red Wings, et la foule déchaînée se retrouva aux abords du Forum. C'est alors que des partisans commencèrent à manifester leur colère, brisant des fenêtres du Forum et saccageant des vitrines de magasins, renversant quelques automobiles. Les policiers durent intervenir en grand nombre pour calmer les manifestants. Le lendemain, Maurice Richard dut prendre la parole par le biais de la radio afin de calmer la population.

Résultat? Bernard Geoffrion avait remporté le championnat des compteurs, un point devant Maurice, et les Canadiens, privés de leur joueur qui excellait toujours au cours des séries éliminatoires, plièrent l'échine en finale de la coupe Stanley, devant les Red Wings de Detroit.

Maurice Richard a pris sa retraite en 1960, à l'âge de 39 ans, après avoir remporté la coupe Stanley à huit reprises, marqué 544 buts et amassé 421 passes en 978 parties dans la Ligue Nationale. Lors des séries éliminatoires, il obtint 82 buts et 44 passes en 133 parties.

LARRY ROBINSON

Le grand frère

Larry Robinson a joué 16 ans avec les Canadiens avant de signer un contrat à titre d'agent libre avec les Kings de Los Angeles et de jouer deux ans pour cette équipe, avant de prendre sa retraite... Ses 16 saisons passées à Montréal lui ont permis de s'imposer comme l'un des meilleurs défenseurs de la ligue et de l'histoire de l'équipe. Le «grand Larry» fut d'ailleurs choisi en 1985 au sein de la «formation de rêve» de tous les temps des Canadiens. Il était alors le seul athlète encore actif à avoir le privilège d'être honoré aux côtés de «hockeyeurs légendaires»: Jacques Plante, Doug Harvey, Dickie Moore, Jean Béliveau et Maurice Richard.

Larry Robinson a remporté la coupe Stanley six fois, reçu le trophée James-Norris en 1977 et en 1980, et gagné le trophée Conn-Smythe en 1978. Lors de ses belles années, il était membre avec Serge Savard et Guy Lapointe du célèbre *Big Three*, le meilleur groupe de défenseurs de la ligue. Costaud, aimant donner de solides mises en échec et très habile pour manier la rondelle, Robinson connut sa meilleure saison en 1976-1977 alors qu'il présenta une fiche de 85 points, soit 19 buts et 66 passes.

Denis Brodeur rappelle que «celui qu'on appelait *Big Bird* fut un grand frère pour bien des joueurs du Tricolore, qui profitèrent de son expérience et de ses conseils autant sur la glace qu'en dehors de la patinoire».

Au total, Larry Robinson présente une fiche de 208 buts et de 750 passes. Il détient plusieurs records des Canadiens, notamment celui du plus grand nombre de passes obtenues par un défenseur en séries éliminatoires, soit 109.

Lors du match des étoiles de février 1993 à Montréal, Larry posa un geste typique de sa personnalité lorsqu'il remit son chandail et son bâton à Claude Mouton, sachant que ce dernier était gravement malade. Ce geste émut profondément celui-ci.

Un jeu spectaculaire: malgré sa chute, Larry Robinson parvient à lancer vers le filet défendu par le gardien des Leafs de Toronto.

Larry Robinson fut l'un des meilleurs défenseurs de l'histoire des Canadiens.

Le message est clair: «On ne va pas plus loin, Monsieur Gretzky…»

Les membres du *Big Three:* Serge Savard, Guy Lapointe et Larry Robinson. Cette photo fut prise au printemps de 1978 alors que Robinson venait de remporter le trophée Conn-Smythe.

Patrick Roy

Des débuts remarquables

Lors de la saison 1985-1986, le jeune gardien Patrick Roy, âgé de 20 ans, disputa 47 rencontres avec les Canadiens, dirigés alors par l'entraîneur Jean Perron. Il fut si impressionnant qu'on décida de l'employer lors des séries éliminatoires. Patrick Roy disputa 20 parties, conservant la formidable moyenne de buts alloués par match de 1,92. Solide et calme comme un vétéran, Roy aida les Canadiens à éliminer successivement les Bruins, les Whalers et les Rangers. Puis, les Canadiens prirent la mesure des Flames en cinq parties, et remportèrent la coupe Stanley. Choisi meilleur joueur des séries éliminatoires, Patrick remporta le trophée Conn-Smythe. Une idole venait de naître.

Patrick a remporté le trophée Vézina à trois reprises depuis ses débuts avec les Canadiens, en plus de participer six fois au match des étoiles. Mais au cours de la saison 1992-1993, des critiques ont été lancées à l'égard de Patrick Roy. Ces propos ont blessé Denis Brodeur: «Cela m'a fait de la peine la saison dernière, lorsque j'ai entendu plusieurs amateurs affirmer que Patrick était un gardien fini. Patrick demeure l'un des meilleurs gardiens de la ligue, sinon le meilleur, et il l'a démontré de belle façon au cours des séries éliminatoires de 1993, alors qu'il a conduit les Canadiens à la conquête de la coupe Stanley. Son brio devant le filet des siens lui a même valu, avec raison, le trophée Conn-Smythe pour la seconde fois de sa carrière. Il a sûrement encore plusieurs années devant lui, car il n'a même pas 30 ans. Puisque vous connaissez mon penchant pour les gardiens de but, vous vous doutez bien que je possède un nombre incalculable de photographies de Patrick depuis ses débuts avec les Canadiens. Ces photographies sont toujours très demandées. Patrick s'inscrit bien dans la tradition des Canadiens, qui ont toujours compté sur des gardiens exceptionnels. Je l'ai évidemment rencontré souvent hors de la patinoire et, malgré ses succès, il est demeuré modeste. Patrick est un homme bien tranquille qui ne dit jamais un mot plus haut que l'autre, et qui possède ces belles qualités que sont la politesse et le respect des gens.»

Patrick Roy effectue un bel arrêt devant Jeff Jackson des Nordiques.

Un arrêt spectaculaire de Patrick Roy que Denis Brodeur a saisi sur la pellicule au cours de la saison 1992-1993.

Patrick Roy photographié lors d'un entraînement des joueurs en vue de la partie des étoiles de 1993 au Forum. Il fut alors, pour les besoins de la télévision, le premier gardien à porter une caméra fixée sur son masque.

Depuis 1986, Patrick Roy est apparu comme l'un des meilleurs gardiens de but de la Ligue Nationale. Ici, il frustre un joueur des Whalers.

Joe Sakic

L'âme des Nordiques

Le 13 juin 1987, la direction des Nordiques de Québec procédait à une transaction majeure en envoyant le joueur de centre Dale Hunter et le gardien de but Clint Malarchuk aux Capitals de Washington. En retour, le directeur-gérant, Maurice Filion, obtenait le joueur de centre Alan Haworth, l'ailier gauche Gaétan Duchesne ainsi qu'un choix des Capitals au repêchage de 1987. Cela a permis aux Nordiques de sélectionner le joueur de centre Joe Sakic, devenu depuis l'âme de l'équipe de la Vieille Capitale.

Originaire de Burnaby en banlieue de Vancouver, Sakic venait de connaître des saisons de 133 et de 160 points avec son équipe junior.

Le jeune homme s'est présenté à Québec en septembre 1988, après que les Nordiques eurent été exclus des séries éliminatoires la saison précédente. Timide, parlant peu, l'ex-vedette des Broncos de Swift Current de la Ligue de hockey de l'Ouest, qui avait marqué 78 buts à sa dernière saison, démontra à sa première campagne dans la LNH qu'il avait beaucoup de potentiel en inscrivant 23 buts et récoltant 39 passes.

Devenu fin analyste au fil des ans, Denis Brodeur parle avec enthousiasme de Joe Sakic: «Ce joueur-là m'épate par son calme, sa maturité. Il n'a jamais cessé de produire, même s'il aurait pu être porté à se décourager parce que les Nordiques n'ont pas participé aux séries éliminatoires pendant ses quatre premières saisons avec l'équipe. En 1992-1993, il a réussi une troisième saison de plus de 100 points; je suis persuadé qu'il va encore s'améliorer. Il me fait beaucoup penser à Steve Yzerman par sa façon de jouer. En comparant les statistiques des deux joueurs, on se rend compte cependant que Sakic a connu plus de succès que le joueur de centre des Red Wings à ses cinq premières saisons, obtenant en tout cinquante points de plus que lui. C'est de bon augure!»

Joe Sakic n'est âgé que de 24 ans, mais on le perçoit déjà comme un vétéran au sein de l'équipe. Heureux d'avoir signé un contrat à long terme avec les Nordiques en décembre 1992, ce «joueur d'équipe» entrevoit désormais des jours heureux à Québec, la formation de Pierre Pagé étant considérée comme l'une des équipes les plus talentueuses de la ligue.

Joe Sakic, l'âme des Nordiques de Québec, l'un des joueurs qui pourrait permettre aux Nordiques de remporter la coupe Stanley pour la première fois de leur histoire.

Denis Savard

Il «volait» sur la patinoire!

Lorsque les Canadiens firent du joueur de centre Doug Wickenheiser leur premier choix au repêchage de 1980, plusieurs amateurs de hockey du Québec ne cachèrent pas leur déception. Non pas que Wickenheiser n'était pas bon (il avait compté 89 buts avec les Pats de Regina lors de sa dernière saison chez les juniors), mais le favori du public était Denis Savard, la vedette du Canadien Junior de Verdun, fort à sa dernière saison de 63 buts et 118 passes en 72 parties. Tout le monde espérait, et Denis Savard le premier, que les Canadiens le choisiraient, mais le directeur-gérant Irving Grundman et son équipe en décidèrent autrement. Ce sont les Black Hawks de Chicago qui le sélectionnèrent au troisième rang. On connaît trop bien la suite: Wickenheiser ne devint jamais un grand joueur, comptant seulement 25 buts lors de sa meilleure saison avec le club. Aussi, le 21 décembre 1983, les Canadiens s'en débarrassaient-ils en l'envoyant à St. Louis avec Greg Paslawski et Gilbert Delorme, en retour de Perry Turnbull. Pendant ce temps, Denis Savard faisait flèche de tout bois avec les Black Hawks, devenant rapidement le favori de la foule grâce aux 28 buts comptés lors de sa première saison. Au cours des années suivantes, il marqua respectivement 32, 35, 37, 38 et 47 buts.

«J'ai toujours, confie Denis Brodeur, suivi avec beaucoup d'intérêt la carrière de Denis, car il était l'un de mes joueurs préférés dans le junior. S'il avait été repêché par les Canadiens, il aurait pu devenir un véritable roi à Montréal, mais le destin en a voulu autrement. Ce joueur-là, lors de ses belles années, volait littéralement sur la patinoire! Il est sûrement l'un des joueurs les plus sympathiques que j'aie eu l'occasion de rencontrer. Chaque fois que je le croise, il me gêne parce qu'il m'appelle toujours "Monsieur Brodeur" alors que tout le monde m'appelle Denis. Mais c'est tout à fait typique de sa personnalité.»

Patineur rapide, imaginatif, et technicien capable de réaliser des feintes spectaculaires, Denis Savard fut l'une des vedettes de la ligue au cours de la dernière décennie, connaissant cinq saisons de 100 points et plus. Puis, une nouvelle éclata comme une bombe le 29 juin 1990: Denis Savard passait aux Canadiens en retour du défenseur Chris Chelios. La plupart des journalistes écrivirent que les Canadiens corrigeaient ainsi «l'erreur» commise dix ans plus tôt. Réalisant tardivement son rêve d'enfance, Denis Savard a enfin connu le bonheur de gagner la coupe Stanley, avec les Canadiens, en 1993. Assurément le joueur le plus démonstratif des Canadiens lorsque l'équipe a mis la main sur le précieux trophée. Au cours de l'été 1993, Denis Savard a été échangé au Lightning de Tampa Bay.

C'est avec les Black Hawks de Chicago que Denis Savard a connu les plus belles heures de sa carrière. Il tente ici de déjouer Patrick Roy.

Denis Savard s'apprête à lancer après avoir contourné le filet des Nordiques, une tactique qui lui a permis de marquer de nombreux buts.

Serge Savard

Un homme de défis

Serge Savard a joué durant 16 saisons dans la Ligue Nationale, dont 14 avec les Canadiens avant de prendre le chemin de Winnipeg. Il aurait pu en être autrement car, avant même qu'il ne débute avec le Tricolore, il fut sérieusement blessé au genou droit. Il rata la majeure partie de la saison 1965-1966 en raison de ligaments déchirés et dut être opéré. Mais Savard, un homme persévérant et volontaire, revint en force la saison suivante avec le club de Houston dans la Ligue de hockey professionnelle du centre, remportant le trophée de la meilleure recrue. Serge Savard amorça finalement sa grande carrière professionnelle avec les Canadiens à l'automne de 1967. Âgé de 21 ans, il devint rapidement l'un des défenseurs les plus fiables de l'équipe, apte à contrôler la rondelle et à déjouer l'adversaire en effectuant une rotation de 360 degrés avec le disque. En 1969, à l'issue de la victoire des Canadiens en finale de la coupe Stanley contre les Blues de St. Louis, il reçut le trophée Conn-Smythe pour ses performances au cours des séries éliminatoires. Malheureusement, à la fin de la saison 1969-1970, il se fractura la jambe gauche; le destin semblait s'acharner sur lui lorsqu'il subit une autre fracture de la même jambe au cours de la saison suivante. Patient, il se remit à l'entraînement et revint au jeu au cours de la saison 1971-1972, jouant seulement 23 parties. En septembre 1972, complètement rétabli, il participa à la *Série du siècle* contre l'équipe de l'URSS, amassant deux passes en cinq matchs.

Serge Savard attaquait souvent. En 1974-1975, il a marqué 20 buts.

Serge Savard protège le filet des Canadiens lors d'une partie contre les Rockies du Colorado.

Savard brilla de tous ses feux au cours des années où les Canadiens remportèrent la coupe Stanley quatre fois d'affilée, et il gagna le trophée Bill-Masterton en 1979. Membre du *Big Three,* considéré comme l'un des meilleurs défenseurs de la ligue, Serge succéda à Yvan Cournoyer comme capitaine de l'équipe en 1979, poste qu'il occupa jusqu'à son départ pour Winnipeg en décembre 1981.

Au cours de sa carrière, Serge Savard a remporté la coupe Stanley à sept reprises. Directeur-gérant des Canadiens depuis 1983, il fut élu au Temple de la Renommée en juin 1986, l'année même où il eut le bonheur de remporter sa première coupe Stanley à titre de directeur-gérant des Canadiens.

Denis Brodeur a connu Serge Savard alors qu'il était adolescent; ce dernier démontrait déjà de grandes aptitudes. «Cela remonte au temps où j'étais gérant des sports au centre Immaculée-Conception. Nous avions un club de hockey dans la ligue junior B, dont l'un des clubs était la puissante formation de Notre-Dame-de-Grâce. Carol Vadnais, notamment, jouait pour cette équipe. Nous, dans notre formation, on comptait sur deux bons défenseurs: Guy Lapointe et Serge Savard.

«Un jour, on devait affronter NDG, qui avait remporté ses 16 dernières parties. L'entraîneur de notre équipe, Maurice Inglis, avait été suspendu lors du match précédent et on me demanda d'être l'entraîneur pour cette partie, qui avait lieu au Forum. Serge, qui avait 15 ou 16 ans, vint me voir avant la partie et me dit: "Denis, il faut qu'on batte ces gars-là. J'aimerais jouer à l'attaque ce soir, je pense que ce serait une bonne stratégie." Eh bien! ce soir-là, on remporta le match par le compte de 6-4 grâce, entre autres, à trois buts de Serge Savard.»

Steve Shutt

Toujours là au bon moment...

Steve Shutt a connu une grande carrière avec les Canadiens, mais ses exploits ont souvent été relégués au second plan par ceux de son célèbre coéquipier, Guy Lafleur. Il partage d'ailleurs avec celui-ci le record du plus grand nombre de buts réussis en une saison par un joueur des Canadiens, soit 60 buts, une marque qu'il a établie en 1976-1977.

Le numéro «22» fut sélectionné au quatrième rang par les Canadiens lors du repêchage de 1972, derrière Billy Harris (Islanders), Jacques Richard (Atlanta) et Don Lever (Vancouver), et s'avéra sans contredit le meilleur joueur de cette cuvée. Dès ses débuts avec l'équipe au cours de la saison 1972-1973, Shutt démontra qu'il avait l'instinct de marqueur, et qu'il possédait des poignets très rapides, ce qui allait lui assurer de connaître une brillante carrière dans la Ligue Nationale.

«Steve Shutt jouait sur un trio complété par Guy Lafleur et Jacques Lemaire, et lorsque ces trois joueurs étaient sur la glace, à leurs bonnes années, tu pouvais être assuré qu'il allait y avoir de l'action autour du filet du gardien adverse. Ces trois joueurs-là se complétaient admirablement bien. Steve Shutt n'était pas du genre à faire des montées à l'emporte-pièce même s'il était un rapide patineur, mais il semblait toujours être là au bon moment en zone adverse, pour recevoir une passe savante de l'un de ses coéquipiers, ou pour capter une rondelle qui n'avait pas été maîtrisée par le gardien de but à la suite d'un tir», se souvient Denis Brodeur.

Dans les 871 parties disputées avec le Tricolore, de 1972 à 1985, Shutt a réussi 408 buts, ce qui lui confère le cinquième rang des meilleurs marqueurs de l'équipe, derrière Maurice Richard, Guy Lafleur, Jean Béliveau et Yvan Cournoyer. Il a terminé sa carrière dans l'uniforme des Kings de Los Angeles en 1985, après avoir ajouté 16 buts de plus à sa fiche.

L'ailier gauche des Canadiens excellait en saison régulière, mais il était véritablement à son meilleur lorsque débutaient les séries éliminatoires, comme en fait foi sa fiche cumulative: 50 buts et 48 passes, soit 98 points, réussis en 99 parties! Un véritable poison pour les gardiens des autres équipes!

Steve Shutt a le bonheur d'avoir son nom gravé sur la coupe Stanley à cinq reprises, et il espère bien répéter l'exploit, cette fois à titre d'entraîneur-adjoint de Jacques Demers avec les Canadiens, un poste que la direction de l'équipe lui a confié au cours de l'été 1993.

Steve Shutt a marqué 408 buts au cours de sa carrière avec les Canadiens, ce qui en fait le cinquième meilleur buteur de l'histoire de l'équipe.

Peter Stastny

Une trouvaille extraordinaire

En 1980, Me Marcel Aubut réussissait un coup d'éclat en organisant la fuite de Tchécoslovaquie des frères Peter et Anton Stastny, et en leur faisant signer un contrat avec les Nordiques de Québec. Considéré comme l'un des meilleurs joueurs de son pays, Peter Stastny arrivait à Québec à 23 ans, prêt à entreprendre une nouvelle carrière et une nouvelle vie. Pour les partisans des Nordiques, il constitua un souffle nouveau.

Le jeune Slovaque ne tarda pas à faire la joie des dirigeants des Nordiques, qui avaient risqué gros pour l'emmener à Québec. Dès sa première saison, en 1980-1981, il compta 39 buts, soit le même nombre que son frère Anton, mais le numéro 26 récolta en plus 70 passes, donc un total de 109 points, ce qui lui valut de remporter le trophée Calder. Il devint ainsi le premier joueur des Nordiques à recevoir cet honneur.

Peter Stastny s'est non seulement rapidement acclimaté à la vie nord-américaine et à la ville de Québec, se faisant un devoir d'apprendre le français — un exemple qui devrait, par respect pour les amateurs, être suivi par tous les joueurs anglophones ou étrangers évoluant pour les Nordiques ou les Canadiens —, mais il est de plus devenu l'un des meneurs des Nordiques, marquant plus de 40 buts durant cinq de ses 10 saisons avec l'équipe. Leader silencieux prêchant par l'exemple, animé d'un désir de vaincre hors du commun, Peter Stastny est le meilleur compteur de tous les temps de l'histoire des Nordiques, grâce à un dossier de 380 buts et 668 passes. Cet athlète fit beaucoup pour les Nordiques et attira bien des partisans au Colisée. Il fut néanmoins échangé aux Devils du New Jersey le 6 mars 1990 en retour de Craig Wolanin et Randy Velischek. Mais Peter Stastny ne cache pas que «son cœur est encore à Québec».

Bob Gainey des Canadiens tente de faire perdre le contrôle de la rondelle à Peter Stastny lors d'une partie opposant les deux équipes, au temps de la grande rivalité du milieu des années quatre-vingt.

Échangé aux Devils du New Jersey en mars 1990, Peter Stastny a connu sa meilleure saison avec cette équipe en 1991-1992, réussissant 24 buts.

CHAPITRE 3

La coupe Stanley, le but ultime

En 1993, on a célébré le 100e anniversaire de la coupe Stanley, l'emblème de la suprématie du hockey en Amérique du Nord. C'est Frederick Arthur, Lord Stanley of Preston, alors gouverneur général du Canada, qui acheta et donna la coupe dans le but de la décerner aux champions amateurs de hockey du Canada. C'est ainsi qu'en 1893, l'équipe du Montreal Athletic Amateur Association fut la première à gagner ce trophée. Les Arenas de Toronto furent pour leur part la première équipe à remporter la coupe Stanley à la fin de la première saison de la Ligue Nationale de Hockey en 1917-1918.

Ce sont les Canadiens de Montréal qui ont remporté le plus souvent la coupe, soit 24 fois. Les Canadiens la gagnèrent notamment cinq fois d'affilée, de 1955 à 1960, puis quatre autres années consécutives de 1976 à 1979. Ces exploits n'ont jamais été battus (les Islanders de New York ont cependant égalé la marque de quatre coupes Stanley consécutives grâce à leurs victoires de 1980 à 1983).

Denis Brodeur a eu l'occasion de participer comme photographe à 12 conquêtes de la coupe Stanley, des moments

---

En 1965, les Canadiens remportèrent la coupe Stanley contre les Black Hawks, et Jean Béliveau, en recevant le trophée Conn-Smythe récompensant le joueur le plus utile à son équipe au cours des séries éliminatoires, en devenait le tout premier récipiendaire. De gauche à droite, on reconnaît Robert Rousseau, Lorne Worsley, Henri Richard, Terry Harper, Jean Béliveau, Jean-Guy Talbot, Dick Duff et Ted Harris.

inoubliables pour lui: «C'est le 1er mai 1965 que j'ai vécu ma première conquête de la coupe Stanley, remportée cette année-là par les Canadiens. Cela se passait dans l'ancien Forum: les Black Hawks de Chicago étaient les adversaires et on en était au septième et décisif match. Jean Béliveau marqua à seulement 14 secondes du début de la partie, que les Canadiens gagnèrent par le pointage de 4-0. Ils n'avaient pas remporté la coupe depuis 1960. C'était donc une grande victoire, et plusieurs joueurs qui connurent par la suite une brillante carrière en étaient alors à leur première conquête. Je pense entre autres à Yvan Cournoyer, Jacques Laperrière, John Ferguson. J'ai toujours adoré prendre des photographies lors des conquêtes de la coupe Stanley, parce qu'il y a beaucoup d'émotion, de joie, et qu'on peut capter sur pellicule des moments inoubliables. Je me souviens clairement de cette photographie prise au milieu de la patinoire, où l'on voit Jean Béliveau entouré de ses coéquipiers. Cette année-là, on décernait pour la première fois le trophée Conn-Smythe, et c'est au *Grand Jean* qu'il fut attribué.»

En mai 1966, Denis Brodeur était à Detroit pour voir Henri Richard inscrire en prolongation le but gagnant de la finale contre les Red Wings. Puis, en 1969, il assista à une autre conquête du titre par les Canadiens, cette fois contre les Blues à St. Louis.

En 1965, Maurice Richard félicite Jean Béliveau, gagnant du trophée Conn-Smythe, à l'issue de la conquête de la coupe Stanley.

En 1972-1973, les Canadiens ne perdaient que 10 parties, au grand plaisir de Denis Brodeur: «Les Canadiens étaient excitants à voir jouer. Il y avait Guy Lafleur, Larry Robinson, Serge Savard, Yvan Cournoyer, Jacques Lemaire, Guy Lapointe, Pierre Bouchard, les frères Frank et Pete Mahovlich, Réjean Houle et Henri Richard pour ne nommer que ceux-là. Les Canadiens l'emportèrent en six rencontres contre les Black Hawks à Chicago; Henri obtenait du même coup sa 11e et dernière coupe Stanley. Après les festivités d'usage sur la patinoire, Henri s'apprêtait à rentrer dans le vestiaire avec la coupe sur son épaule lorsque je l'ai interpellé, le temps de faire une photographie. J'adore ce cliché.»

Denis Brodeur suivit par la suite les Canadiens lorsqu'ils remportèrent la coupe Stanley en 1976 à Philadelphie, en 1977 et 1978 à Boston, et en 1979 à Montréal contre les Rangers de New York. «Ce furent de belles années et de beaux moments. C'était l'époque du célèbre *Big Three* (Serge Savard, Guy Lapointe et Larry Robinson), les belles années de Guy Lafleur avec Steve Shutt et Jacques Lemaire, de Ken Dryden, de la *Kid Line* avec Mario Tremblay, Yvon Lambert et Doug Risebrough. Les Canadiens de ces années-là étaient puissants, ils faisaient peur tellement ils dominaient le jeu.»

En 1986, le photographe se trouvait évidemment à Calgary pour assister à la victoire des Canadiens contre les Flames. «Il y avait beaucoup de joie et plusieurs joueurs pleuraient à chaudes larmes, parce que bien peu de gens prédisaient la coupe Stanley aux Canadiens cette année-là. Une foule de joueurs comme Patrick Roy, Claude Lemieux, Guy Carbonneau, Chris Chelios et Stéphane Richer célébraient l'événement pour la première fois. Patrick fut la grande vedette des Canadiens, et il remporta d'ailleurs le trophée Conn-Smythe, attribué au meilleur joueur des séries éliminatoires. Je me souviens de sa réaction lorsque la sirène se fit entendre à la fin de la dernière partie: il était fou de joie, l'expression qu'il avait sur le visage était belle à voir, c'était l'expression même du bonheur.»

Denis Brodeur a aussi assisté à deux autres conquêtes de la coupe Stanley au cours de sa carrière, celle des Flyers contre les Bruins en 1974 et celle des Flames de Calgary contre les Canadiens à Montréal en 1989. «Ce sont souvent des moments extraordinaires que la photographie m'a permis de vivre, et j'espère bien un jour avoir le plaisir de photographier mon fils Martin, actuellement gardien de but dans l'organisation des Devils du New Jersey, lorsqu'il brandira la coupe au bout de ses bras. C'est un rêve qui se concrétisera peut-être un jour.»

Un joyeux groupe de fêtards, heureux d'avoir encore une fois été proclamés champions en 1966. On reconnaît, dans l'ordre habituel, Yvan Cournoyer, Terry Harper, Jacques Laperrière, le soigneur Larry Aubut, Gilles Tremblay, Léon Rochefort, Ralph Backstrom, Claude Provost, Dick Duff, Jean Béliveau et, à l'avant, le soigneur Andy Galley.

En 1968, les Canadiens remportèrent la série finale des éliminatoires en quatre parties consécutives contre les Blues de St. Louis, la première équipe de l'expansion (1967) à participer à la finale de la coupe Stanley. Montréal mettait ainsi la main sur le trophée tant convoité pour la 16e fois de son histoire. De gauche à droite: Yvan Cournoyer, Lorne Worsley, Jean Béliveau, Mickey Redmond (caché derrière la coupe), Jacques Lemaire et, à l'avant, Dick Duff et Claude Provost.

Toe Blake a remporté la coupe Stanley une fois comme joueur des Maroons de Montréal, à deux reprises comme joueur avec les Canadiens, puis huit autres fois en tant qu'entraîneur du Tricolore (en 13 saisons à la barre de l'équipe). Ce record de huit coupes pour un entraîneur pourrait être battu par Scotty Bowman, qui, avant le début de la saison 1993-1994, en comptait six.

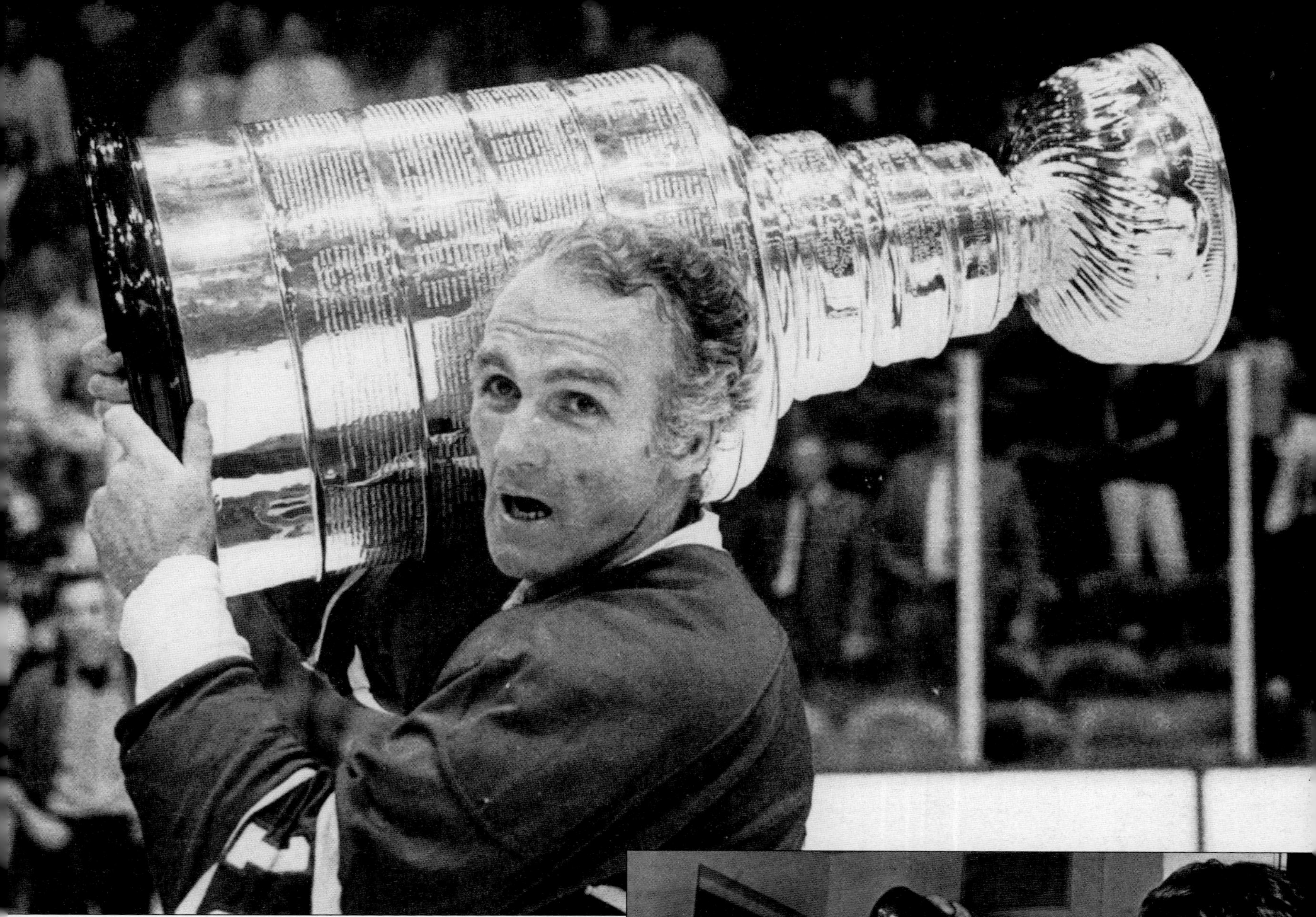

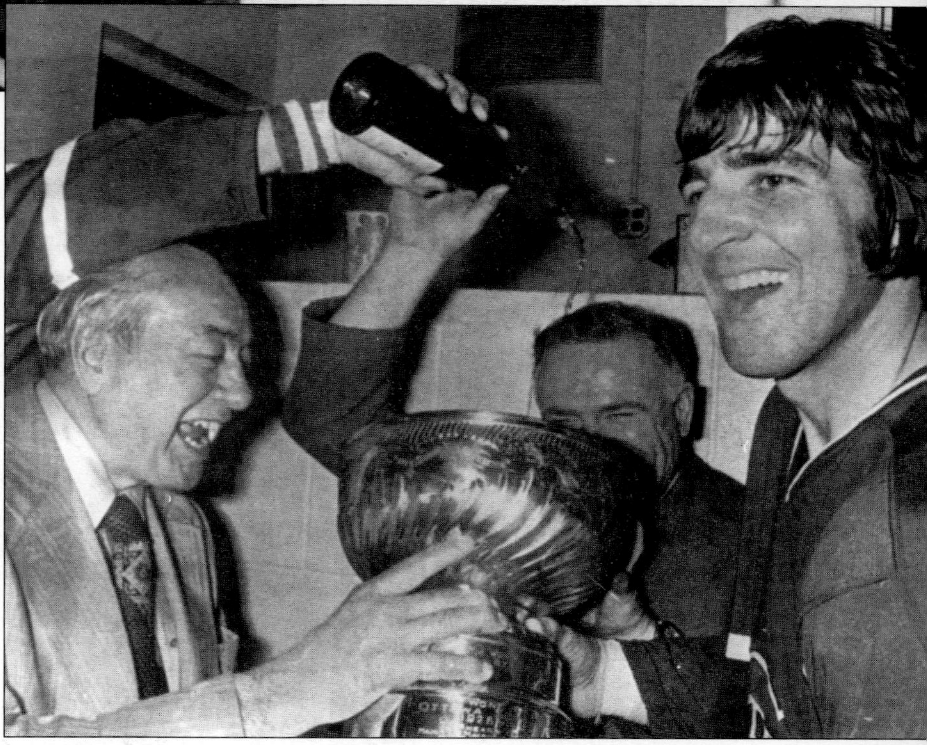

Toe Blake et son capitaine Jean Béliveau posant fièrement avec le précieux trophée. Béliveau et Blake se sont toujours voué un profond respect.

Henri Richard, s'apprêtant à quitter la patinoire avec la coupe Stanley après la victoire des Canadiens contre les Black Hawks de Chicago en 1973. Le valeureux capitaine venait de remporter sa 11e et dernière coupe en carrière. Pas un seul joueur de la Ligue Nationale n'a remporté autant de fois ce trophée que cet ex-capitaine des Canadiens.

Toe Blake, Sam Pollock et Serge Savard fêtant la victoire en finale contre les Bruins de Boston.

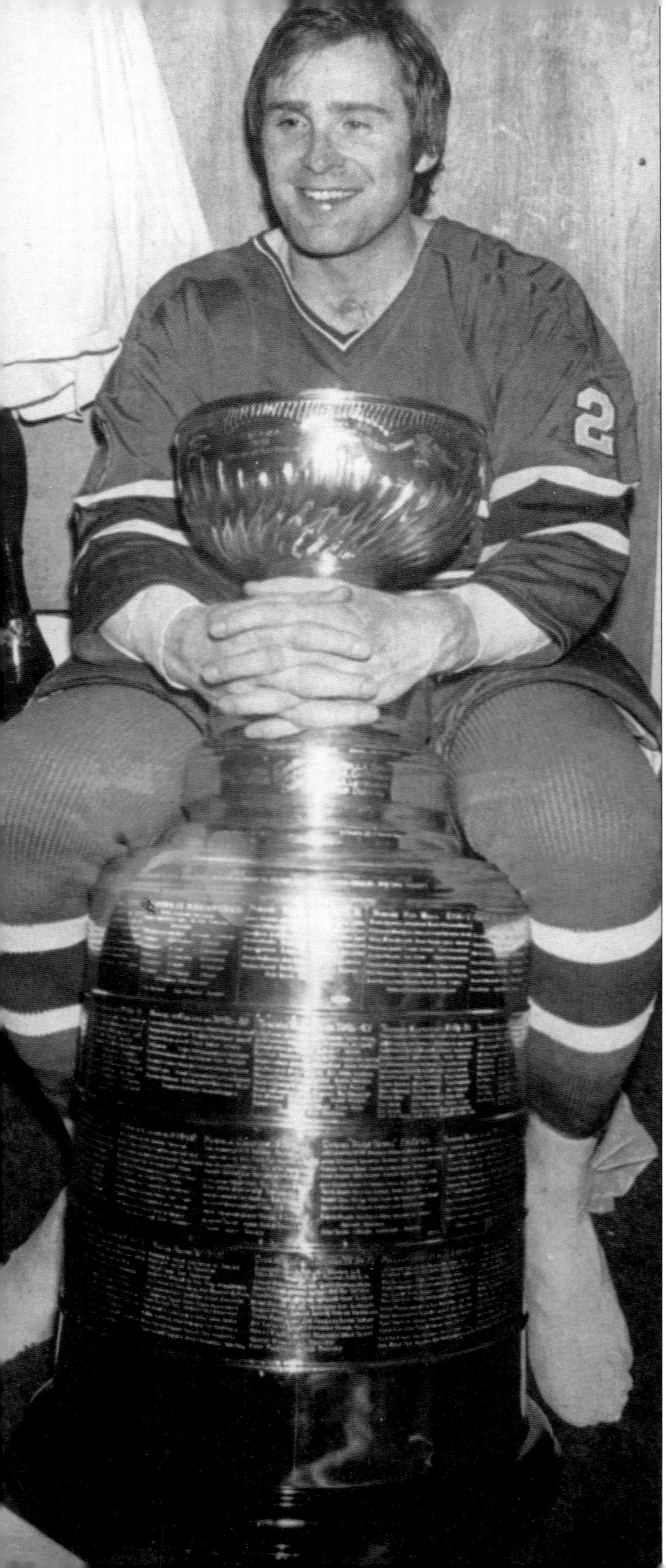

BARBER

Ken Dryden profitant d'un repos bien mérité après la victoire des Canadiens en série finale contre les Flyers en 1976, à Philadelphie. Le nom de Dryden est gravé à six reprises sur la coupe Stanley.

Une photo inusitée: Jacques Lemaire posant avec la coupe Stanley, qui repose dans la boîte spécialement conçue pour la transporter. La fierté d'un gagnant.

Mario Tremblay et Réjean Houle sont félicités par des partisans et signent des autographes, lors de l'un des nombreux défilés de la coupe Stanley qui eurent lieu dans les rues de Montréal dans les années soixante-dix.

Montréal fêtant ses champions lors du traditionnel défilé sur la rue Sainte-Catherine.

Yvan Cournoyer, qui fut sans l'ombre d'un doute l'un des joueurs les plus populaires et les plus électrisants des Canadiens, tient fièrement la coupe Stanley au bout de ses bras. Yvan joua durant 16 saisons avec le Tricolore et a remporté la coupe Stanley 10 fois, soit autant que Jean Béliveau.

Brad Park, des Bruins, félicitant Jacques Lemaire après la victoire des Canadiens au Garden de Boston en 1977.

Autre coupe Stanley pour les Canadiens, cette fois en 1978, au Garden de Boston. De gauche à droite, Pierre Mondou, Gilles Lupien, Serge Savard, Larry Robinson, Pierre Larouche, Yvan Cournoyer, Guy Lapointe et Jacques Lemaire.

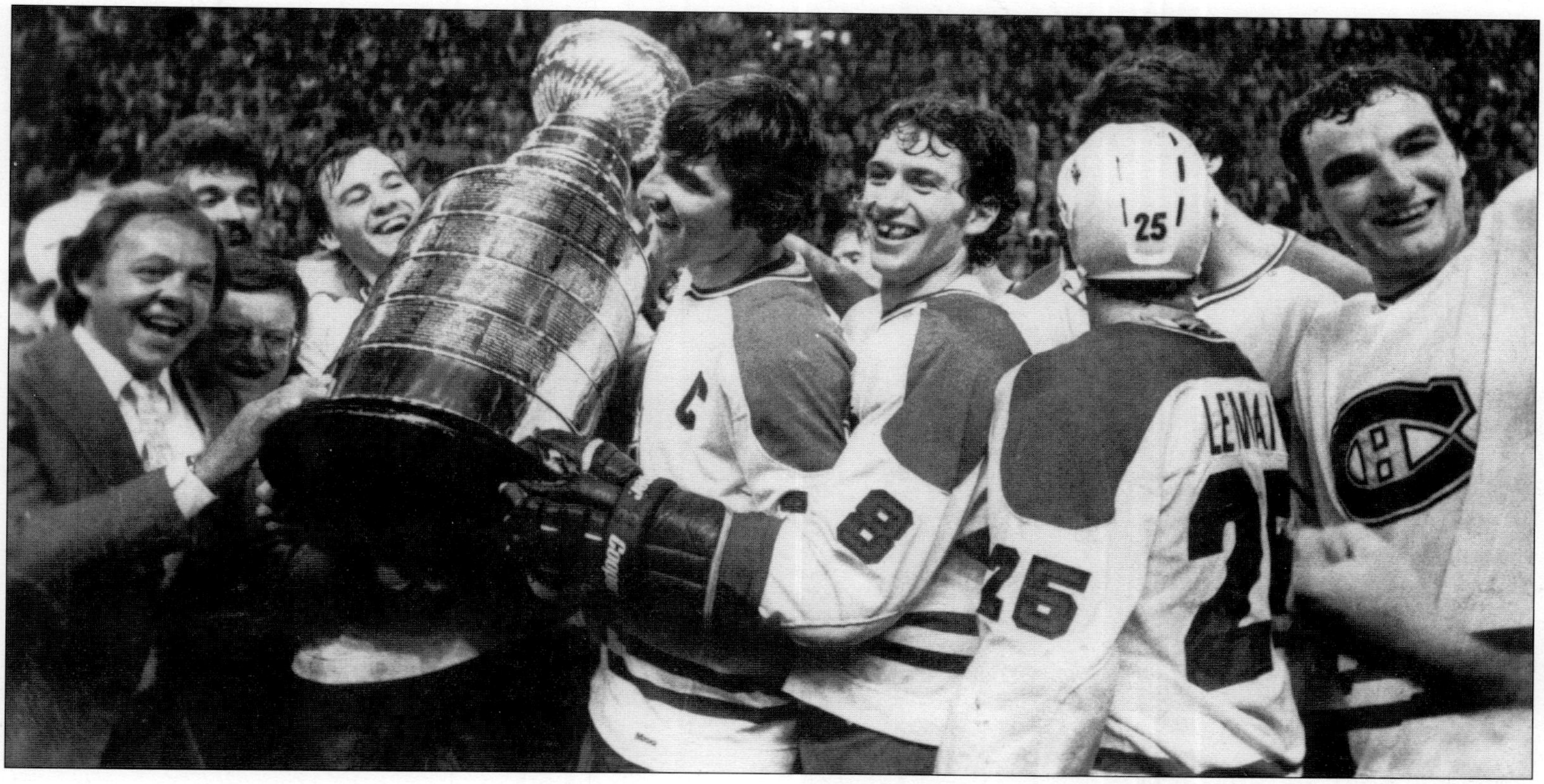

Une scène familière pour les Canadiens de la seconde moitié des années soixante-dix: des joueurs heureux célébrant la victoire. Dans l'ordre habituel: Yvan Cournoyer, Yvon Lambert, Eddy Palchak, Rick Chartraw, Serge Savard, Doug Risebrough, Jacques Lemaire et Mario Tremblay.

À l'écart en raison d'une blessure, Yvan Cournoyer n'avait pu participer aux séries éliminatoires en 1977, ce qui ne l'empêcha pas, sous le regard amusé de Serge Savard, de s'empresser de déposer un baiser sur la coupe. On reconnaît également Mario Tremblay, Clarence Campbell (le président de la LNH), Guy Lapointe, Pete Mahovlich et Ken Dryden.

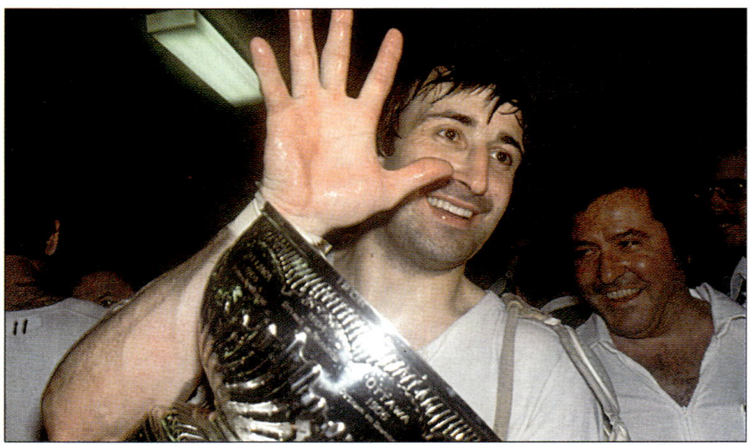

Steve Shutt et Guy Lafleur, deux joueurs des Canadiens craints comme la peste par les gardiens de but dans les années soixante-dix, fêtent l'une de leurs cinq conquêtes de la coupe Stanley.

«Ken Dryden a toujours été un homme discret et, même dans la victoire, il restait à l'écart, laissant ses coéquipiers fêter. C'était même difficile d'avoir des photographies de lui avec la coupe Stanley. Ici, j'ai photographié Ken en compagnie de Rick Chartraw.» — Denis Brodeur

En 1978, le défenseur Guy Lapointe célèbre sa cinquième coupe Stanley avec les Canadiens. Il fit aussi partie de l'édition du Tricolore qui remporta la coupe l'année suivante contre les Rangers de New York.

En mai 1977, dans le vestiaire des Canadiens au Garden de Boston, Guy Lafleur avait toutes les raisons du monde de sourire à pleines dents. Champion marqueur de la ligue pour une deuxième année consécutive, il venait de participer à sa troisième conquête de la coupe Stanley en plus d'obtenir le trophée Conn-Smythe. Il est entouré de Serge Savard et d'Yvan Cournoyer. Les Canadiens «prirent la mesure» des Bruins en quatre parties; lors du dernier match, Jacques Lemaire inscrivit le but gagnant en prolongation.

Mario Tremblay serrant fièrement la coupe Stanley dans ses bras. Le rêve de tout joueur de hockey… que Mario a réalisé cinq fois au cours de sa carrière avec les Canadiens.

Les joueurs des Canadiens quittent le banc: le Tricolore vient de remporter la finale en cinq parties contre les Rangers de New York en 1979. C'est l'explosion de joie!

En 1979, les Canadiens ont remporté, au grand plaisir des partisans, la coupe Stanley à Montréal pour la 12e fois. Yvon Lambert, Bob Gainey, Serge Savard et Ken Dryden s'apprêtent à effectuer le traditionnel tour de patinoire avec le trophée.

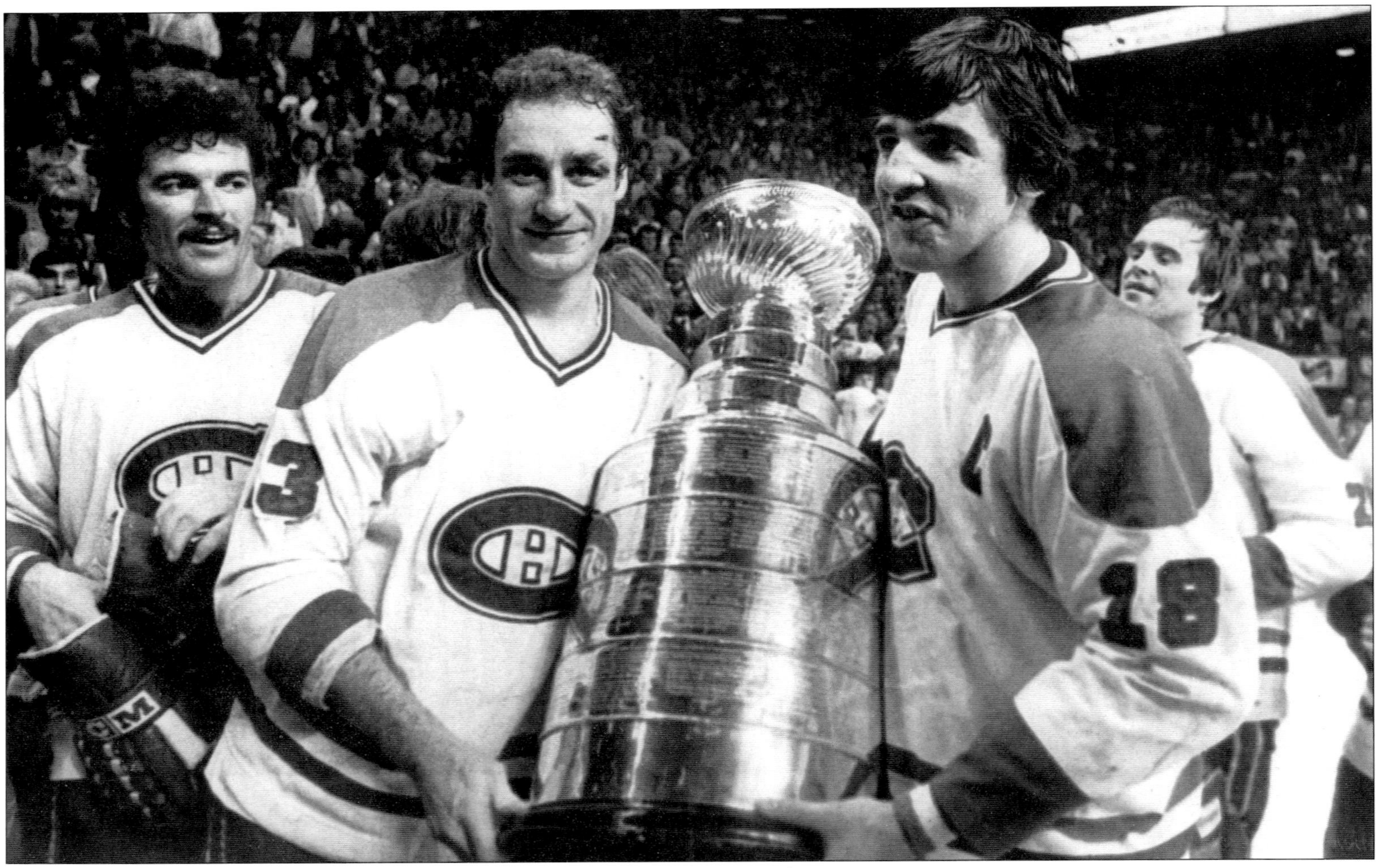

Le 17 décembre 1983, sur la glace du Forum, on a réuni les joueurs du Tricolore ayant participé aux cinq conquêtes consécutives de la coupe Stanley de 1956 à 1960, un record dans l'histoire de la Ligue Nationale. De gauche à droite, Claude Provost, Jean-Guy Talbot, Jacques Plante, Maurice Richard, Tom Johnson, Jean Béliveau, l'entraîneur Toe Blake, Bernard Geoffrion, Henri Richard, Dickie Moore, Don Marshall, Doug Harvey et, à l'avant, Bob Turner.

«En 1986, Bob Gainey a remporté la coupe Stanley pour la cinquième et dernière fois de sa carrière. Cette photo m'est très chère, parce que tous les joueurs des Canadiens l'ont signée.» — Denis Brodeur

Claude Lemieux, l'un des héros des Canadiens lors des séries éliminatoires de 1986 — il avait marqué 10 buts et récolté 6 passes en 20 parties —, pleure de joie en brandissant la coupe à bout de bras aux côtés de Bob Gainey et de David Maley.

Jacques Laperrière, ex-brillant défenseur des Canadiens, a gagné à six reprises la coupe Stanley comme joueur et pour la première fois comme entraîneur-adjoint en 1986.

À Calgary, après la victoire des Canadiens contre les Flames en 1986, Larry Robinson célèbre avec son jeune coéquipier Petr Svoboda.

On a célébré ferme dans le vestiaire des Canadiens lors de la victoire de 1986 contre les Flames de Calgary. Cette année-là, Montréal disposa tour à tour des Bruins, des Whalers et des Rangers avant de vaincre les Flames en cinq parties. Denis Brodeur photographia le soigneur Gaétan Lefebvre alors qu'il vidait le contenu d'une bouteille de champagne sur la tête du président du club, Ronald Corey.

En 1989, les Flames de Calgary remportèrent, contre les Canadiens, la première coupe Stanley de leur histoire au Forum de Montréal. Lanny McDonald, capitaine de l'équipe et vétéran de 16 saisons dans la LNH, ne pouvait trouver plus belle façon de mettre un terme à sa carrière.

43

La 24e de l'histoire des Canadiens de Montréal

« Un rêve inespéré: j'ai vécu ma 12e conquête de la coupe Stanley à titre de photographe en 1993. »

« Lorsque nous avons commencé à travailler sur ce livre, Daniel Daignault et moi, je me souviens que nous avions songé, sans trop y croire, que ce serait extraordinaire si les Canadiens remportaient la coupe Stanley en 1993, afin d'y inclure des photographies de cet événement. Nous étions loin de nous douter, comme la plupart des amateurs de hockey, que l'équipe de Jacques Demers éliminerait successivement les Nordiques de Québec, les Sabres de Buffalo, les Islanders de New York et les Kings de Los Angeles pour finalement mettre la main sur la coupe Stanley. Voilà une belle façon pour les Canadiens de souligner le centenaire du précieux trophée. Il s'agit de ma 12e coupe Stanley à titre de photographe, et ça a été vraiment une sensation extraordinaire de pouvoir capter sur pellicule les joueurs des Canadiens festoyant sur la glace du Forum et dans leur vestiaire. Tout comme en 1986, alors que les Canadiens n'étaient pas favoris pour gagner la coupe, l'équipe du directeur-gérant Serge Savard a pris tout le monde par surprise en remportant sa 24e coupe Stanley. Et à l'image de la conquête de 1986, alors que de jeunes joueurs tels Patrick Roy, Claude Lemieux,

Le gardien de but Patrick Roy a enfin le bonheur suprême de porter la coupe Stanley au bout de ses bras. Une sensation extraordinaire que Patrick vivait pour la seconde fois.

Gilbert Dionne et Kirk Muller se font menaçants devant le filet du gardien de but Ron Hextall.

Kirk Muller, l'un des meilleurs joueurs des Canadiens lors de la série opposant Montréal à Québec, force Ron Hextall à effectuer un bel arrêt.

En route vers la victoire, Kirk Muller lève les bras au ciel et s'apprête à sauter dans ceux de Brian Bellows.

Le défenseur Alexei Gusarov, dépité après que les Canadiens eurent marqué un but.

Mission accomplie: les Canadiens viennent d'éliminer les Nordiques de Québec. Patrick Roy et Gilbert Dionne jubilent.

Petr Svoboda et Stéphane Richer s'étaient illustrés, en 1993, des recrues comme Paul DiPietro, John LeClair, Gilbert Dionne et Patrice Brisebois ont été des éléments clés pour l'équipe au cours des séries éliminatoires. Cette coupe Stanley a incontestablement été le fruit d'un travail d'équipe par des joueurs motivés et conditionnés à la victoire par l'entraîneur-chef, Jacques Demers. Chapeau, les Canadiens.»

La plupart des amateurs de hockey attendaient les Penguins de Pittsburgh au fil d'arrivée: contre toute attente, ce sont les Canadiens qui ont mis la main sur le trophée tant convoité. Patrick Roy, que certains amateurs étaient prêts à échanger au cours de la saison en raison de ses succès mitigés, s'est avéré intraitable au cours des séries éliminatoires, conduisant son équipe à 10 victoires remportées en période de prolongation et conservant une moyenne de buts alloués de 2,15 en 20 parties. «Il faut des nerfs d'acier pour être aussi solide lorsque le pointage est égal après 60 minutes de jeu, et c'est un Patrick Roy au sommet de son art que les amateurs de hockey ont pu apprécier au cours des séries de fin de saison», ajoute Denis Brodeur.

Les Canadiens ont dominé le classement général de la Ligue Nationale pendant une bonne partie de la campagne 1992-1993, mais durent céder le premier rang aux Penguins de Pittsburgh, pour finalement terminer derrière Chicago, Boston, Detroit et Québec au terme de la saison. L'équipe de Jacques Demers termina le calendrier régulier avec une fiche de 48 victoires et 30 défaites. En première ronde des séries éliminatoires, Montréal affronta Québec. Il fallait vraiment être un irréductible de la Sainte Flanelle pour croire que les choses allaient se replacer lorsque les Nordiques prirent les devants 2-0 dans la série. Appuyés par les leaders de l'équipe, Patrick Roy, Guy Carbonneau et Kirk Muller en tête, les Canadiens firent leur loi, et remportèrent les quatre parties suivantes pour éliminer Québec en six rencontres. «Kirk Muller, entre autres, a été extraordinaire au cours de cette série. Les défenseurs des Canadiens ont été solides, et Patrick Roy a fait taire ses dénigreurs de belle façon», analyse Denis Brodeur.

Étape suivante: les Canadiens se mesuraient aux surprenants Sabres de Buffalo, vainqueurs des Bruins de Boston en quatre parties. Grant Fuhr allait-il se dresser devant les attaquants du Tricolore? Qu'allait faire la jeune défensive du Tricolore contre Pat LaFontaine et Alexander Mogilny? Les Sabres n'étaient pas de taille, et les Canadiens éliminèrent rapidement l'équipe de John Muckler en quatre parties, remportant les trois derniers matchs en prolongation.

Les joueurs des Canadiens célèbrent après avoir réussi à déjouer le gardien Grant Fuhr.

Vincent Damphousse a été le meilleur pointeur des Canadiens au cours des séries éliminatoires, récoltant 23 points, dont 11 buts.

Patrick Roy frustre le jeune joueur des Sabres Donald Audette.

«À la surprise de bien des amateurs de hockey, les Islanders de New York parvinrent à éliminer les Penguins de Pittsburgh en sept rencontres dans la finale de la division Patrick, et ce sont eux qui se présentèrent à Montréal pour participer à la finale de la conférence Prince-de-Galles. J'avais prédit que les Canadiens l'emporteraient assez facilement, ce qui fut fait en cinq parties, malgré les efforts du gardien Glenn Healy, de Pierre Turgeon et du jeune défenseur Vladimir Malakhov qui m'a fortement impressionné. Pour la première fois depuis la saison 1988-1989, les Canadiens remportaient le trophée Prince-de-Galles et accédaient à la finale de la coupe Stanley. Les hommes de Jacques Demers durent patienter plusieurs jours avant de connaître leur adversaire, c'est-à-dire le vainqueur de la série opposant Los Angeles à Toronto.»

La finale Maple Leafs-Canadiens tant espérée allait-elle avoir lieu? Pat Burns aurait-il l'occasion de se frotter à ses anciens joueurs? Les hommes de Barry Melrose, menés par Wayne Gretzky qui connaissait d'excellentes séries de fin de saison, prirent la mesure des Maple Leafs en sept parties.

Les jeunes joueurs des Canadiens n'ont jamais cessé d'être combatifs, et Paul DiPietro s'est chargé de montrer au gardien Glenn Healy qu'il ne reculait devant rien pour faire gagner son équipe...

Patrick Roy et le défenseur Lyle Odelein se chargent de neutraliser Pat Flatley, des Islanders de New York.

Denis Savard y met tout son cœur devant le filet de Glenn Healy, tentant de nuire au travail du défenseur et du gardien.

Le joueur vedette des Islanders, Pierre Turgeon, est frustré par Patrick Roy, sous les yeux d'Éric Desjardins et de Kevin Haller.

«Los Angeles a semé le doute dans l'esprit des joueurs des Canadiens qui, lors du premier match, même s'ils étaient plus reposés que les joueurs des Kings, ont été battus. Mais à mon avis, c'est lors du deuxième match que le point tournant de la série est survenu, lorsque Jacques Demers a demandé à l'arbitre de mesurer la courbe du bâton de Marty McSorley, des Kings, la croyant illégale. On lui donna raison. Son équipe tirant de l'arrière par un but avec moins de deux minutes à jouer, et profitant d'une supériorité numérique, Jacques Demers joua le tout pour le tout en retirant Patrick Roy à la faveur d'un sixième attaquant. Une stratégie qui a rapporté, car Éric Desjardins marqua son deuxième but de la soirée pour créer l'égalité. Éric a connu une soirée de rêve, puisque c'est lui qui a procuré la victoire à son équipe en prolongation, en réussissant un tour du chapeau», relate Denis Brodeur.

Page de gauche: Les hommes de Jacques Demers viennent d'éliminer les Islanders de New York et, du même coup, de remporter le trophée Prince-de-Galles. Les joueurs s'apprêtent à faire un tour de patinoire avec le trophée, au grand plaisir des spectateurs du Forum.

Marty McSorley et le gardien de but Kelly Hrudey tentent tant bien que mal d'empêcher John LeClair de marquer. LeClair a joué un rôle primordial pour le Tricolore lors de la série finale.

Guy Carbonneau est contré de justesse par le gardien Kelly Hrudey et Wayne Gretzky après avoir effectué une belle manœuvre.

Un coup d'assommoir porté par Éric Desjardins, qui devint ainsi le premier défenseur dans l'histoire de la Ligue Nationale à réussir trois buts lors d'un match de la finale de la coupe Stanley. À Los Angeles, Patrick Roy fit des prodiges contre les joueurs des Kings. Les deux parties nécessitèrent une période de prolongation et chaque fois, c'est John LeClair qui procura la victoire aux Canadiens. Des buts marqués dans des circonstances dramatiques, qui permirent au Tricolore de revenir à Montréal, devant leurs partisans, une seule victoire les séparant de la coupe Stanley.

Bryan Lewis, superviseur des arbitres de la LNH, fait la preuve, en conférence de presse, que le bâton utilisé par Marty McSorley des Kings était bien illégal.

Kirk Muller, bien posté au coin du filet adverse, attend une passe d'un coéquipier.

Le mercredi 9 juin, près de 18 000 spectateurs étaient massés à l'intérieur du Forum, en espérant que les Canadiens enfoncent le dernier clou dans le cercueil des Kings et remportent ainsi la coupe Stanley. «J'espérais moi aussi que les Canadiens l'emportent, car c'est toujours plus agréable pour les joueurs et pour les spectateurs lorsque l'équipe gagne la coupe Stanley à domicile», confie Denis Brodeur.

Le pointage était égal 1-1 en début de deuxième période, mais Kirk Muller marqua son 10e but des séries, et à mi-chemin au cours de la période, Stephan Lebeau fit vibrer le Forum en déjouant Kelly Hrudey. Les Kings se montrèrent peu menaçants en troisième période, ne dirigeant que cinq lancers en direction de Patrick Roy. Après le but de Paul DiPietro marqué avec moins de 10 minutes à jouer dans le match, la victoire des Canadiens devint une formalité.

«Encore une fois, j'ai eu des frissons quand j'ai vu les joueurs manifester leur joie lors des dernières secondes et aussi quand ils se sont tous précipités en direction de Patrick Roy. Je pense qu'on ne peut demeurer insensible à une telle démonstration de joie. Il suffisait de voir le visage de Patrick Roy brandissant la coupe Stanley à bout de bras, ou celui de Denis Savard, qui réprimait mal ses larmes, pour réaliser à quel point l'émotion était intense. J'ai vécu de beaux moments ce soir-là, d'abord sur la glace, puis dans le vestiaire, où j'ai évidemment été aspergé de champagne... J'étais aussi aux premières loges vendredi le 11 juin, pour assister au traditionnel défilé de la coupe Stanley dans les rues de Montréal, un événement que je ne me lasserai jamais de couvrir...»

Le défenseur Éric Desjardins, qui n'apparaît pas sur cette séquence, lance en direction du filet et déjoue le gardien des Kings, sous les yeux d'Ed Ronan. Il s'agissait du troisième but de Desjardins ce soir-là. Marqué en prolongation, il procurait la victoire aux Canadiens lors du deuxième match de la série finale.

Le match est terminé; Patrick Roy adresse le sourire de l'ultime victoire à son coéquipier Kirk Muller.

La série terminée, les Kings félicitent les Canadiens pour leur victoire.

Le commissaire de la Ligue Nationale de Hockey, Gary Bettman, remet la coupe Stanley au capitaine Guy Carbonneau. On reconnaît aussi Mike Keane, Jacques Demers, Denis Savard et Kirk Muller.

Éric Desjardins célèbre la conquête de la coupe Stanley. Desjardins a réussi trois buts dans un même match contre les Kings de Los Angeles, pour permettre à son équipe d'égaler la série 1-1.

Comme le veut la tradition, les joueurs des Canadiens ont fait le tour de la patinoire sous les applaudissements nourris de la foule, la coupe Stanley passant des bras d'un joueur à l'autre.

Gilbert Dionne porte fièrement la coupe Stanley, que son illustre frère Marcel n'a jamais eu la chance de remporter au cours de sa carrière.

Du champagne bien mérité pour Guy Carbonneau et Kirk Muller.

La chanteuse Céline Dion et son gérant René Angelil, des partisans des Canadiens, sont allés féliciter les joueurs dans le vestiaire pour leurs exploits, notamment le gardien Patrick Roy.

«Dans le vestiaire de l'équipe après l'ultime victoire, tous les joueurs désiraient se faire photographier avec le précieux trophée.» — Denis Brodeur

«Dans le vestiaire, même si mon appareil photo venait d'être aspergé de champagne, j'ai pu photographier le capitaine Guy Carbonneau, prenant une gorgée de champagne dans la coupe Stanley.» — Denis Brodeur

Des joueurs du Tricolore entourent le trophée pour lequel ils ont si chèrement lutté. On reconnaît Mario Roberge, John LeClair, Brian Bellows, Vincent Damphousse et Sean Hill.

Serge Savard, Ronald Corey et Stephan Lebeau entourent la coupe Stanley, un trophée centenaire.

Éric Desjardins et Mario Roberge, croqués sur le vif dans le vestiaire alors qu'ils s'apprêtent à boire du champagne versé dans la coupe.

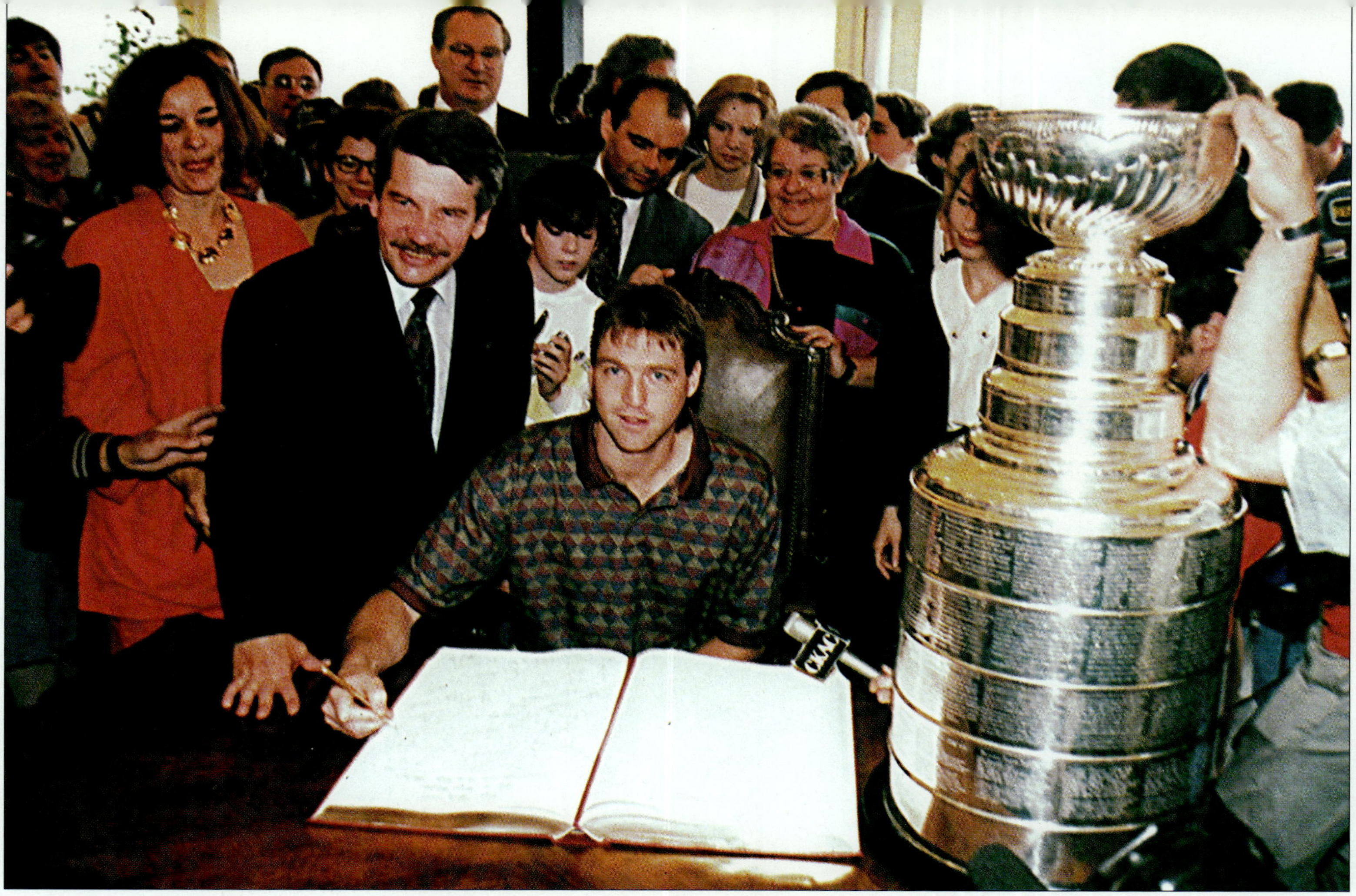

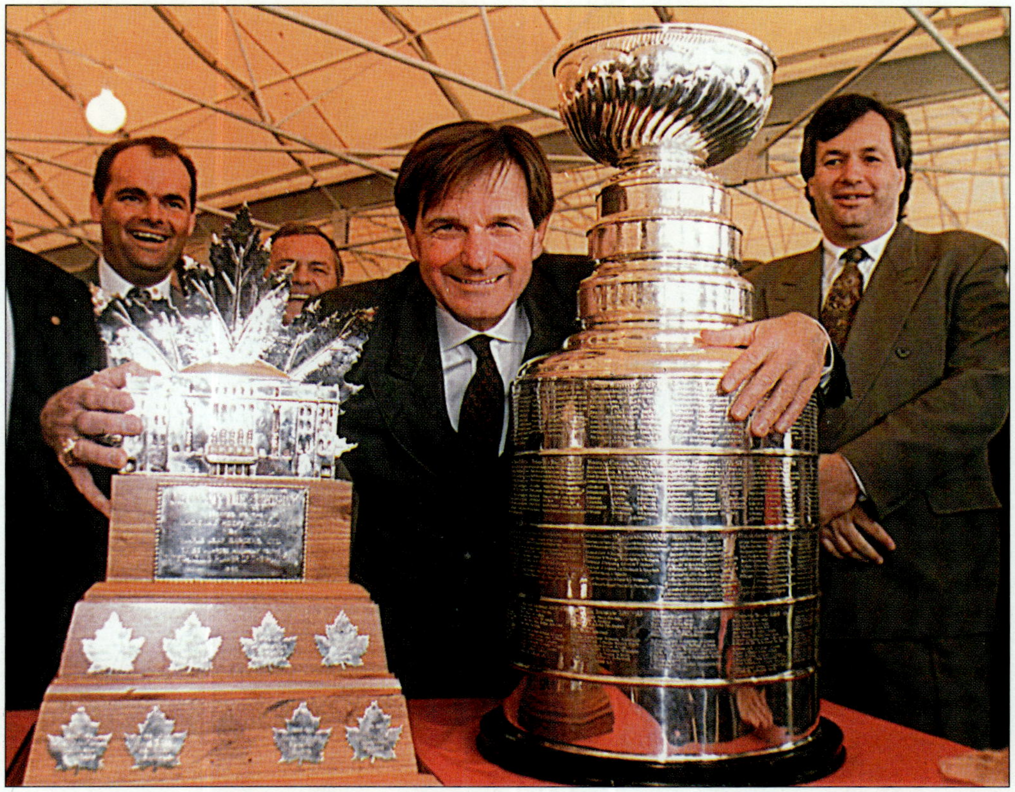

Aux côtés du maire de Montréal Jean Doré, Patrick Roy s'apprête à signer le livre d'or de la ville, alors que toute l'équipe était reçue à l'Hôtel de Ville.

Un président bien fier des performances de son équipe. Ronald Corey enlace la coupe Stanley et le trophée Conn-Smythe.

Page suivante: Sous un soleil de plomb, des dizaines de milliers de partisans des Canadiens ont acclamé leurs favoris sur la rue Sherbrooke, à l'occasion du défilé de la coupe Stanley.

CHAMPIONS
1992-93
STANLEY
24
24
223113

CHAMPIONS
1992-93
24

«Vas-y mon jeune, tu peux toucher à la coupe Stanley... Comme moi, ton rêve de la gagner se réalisera peut-être un jour...», semble exprimer Denis Savard.

Depuis le temps que Denis Savard rêvait de remporter la coupe Stanley, il a enfin réalisé son rêve avec les Canadiens. Guy Carbonneau et Kirk Muller partagent sa joie.

Jacques Demers, un entraîneur-chef très exubérant, montre fièrement la coupe Stanley aux partisans... et à Denis Brodeur! On reconnaît, dans l'ordre habituel, Serge Savard, Ronald Corey, Rob Ramage, Kirk Muller, André Boudrias, Guy Carbonneau et Jacques Lemaire.

Les deux Savard, Denis et Serge, brandissent la coupe Stanley au grand plaisir de la foule.

Guy Carbonneau lève bien haut la coupe Stanley, sa première à titre de capitaine de l'équipe.

Les Canadiens ont remporté en 1993 leur première coupe Stanley de la décennie, et les Montréalais ont fêté avec beaucoup d'éclat cet événement.

Les partisans et les joueurs des Canadiens ont célébré avec beaucoup d'enthousiasme la 24e conquête de la coupe Stanley de l'équipe.

CHAPITRE 4

À fleur de peau...

Page de gauche: Des sourires de gagnants: Lorne Worsley et l'entraîneur Toe Blake.

Au beau milieu d'une mer de monde, rue Sainte-Catherine, Patrick Roy soulève à bout de bras le trophée Conn-Smythe qu'il a remporté en 1986. Les Canadiens avaient gagné cette année-là leur 23e coupe Stanley.

« Moments euphoriques, moments tristes... comme l'annonce de la retraite de Guy Lafleur. La photographie m'a amené à connaître de grandes émotions. Les moments plus agréables ont été pour moi plus faciles à capter. Proche des Canadiens au cours des 30 dernières années, j'ai été choyé parce que l'équipe a connu de nombreux succès. Ce sont quelques-uns de ces moments que je souhaite partager par le biais des photographies de ce chapitre.»

Dans le vestiaire des Canadiens, après la rencontre du 16 mars 1961, Maurice Richard félicite Bernard Geoffrion, le premier à égaler son record de 50 buts en une saison. L'exploit de Geoffrion fut réussi aux dépens du gardien Cesare Maniago des Maple Leafs de Toronto.

Jean Drapeau, alors maire de Montréal, célébrant en mai 1971 la victoire des Canadiens en compagnie du capitaine Jean Béliveau.

Deux anciens joueurs des Canadiens, Jacques Lemaire et Jacques Laperrière, le sourire aux lèvres après une victoire de l'équipe. Jacques Lemaire a été nommé entraîneur-chef des Devils du New Jersey à l'été 1993, alors que Jacques Laperrière est entraîneur-adjoint avec le Tricolore.

En 1973, à Chicago, les Canadiens remportent la coupe Stanley pour la 18e fois. L'entraîneur Scotty Bowman, pour qui c'était la première fois, et le capitaine Henri Richard se félicitent.

On s'amusait ferme dans le vestiaire des Canadiens durant une rencontre mettant en vedette d'anciens joueurs du Tricolore. On reconnaît ici Bernard Geoffrion et Maurice Richard, deux bons amis.

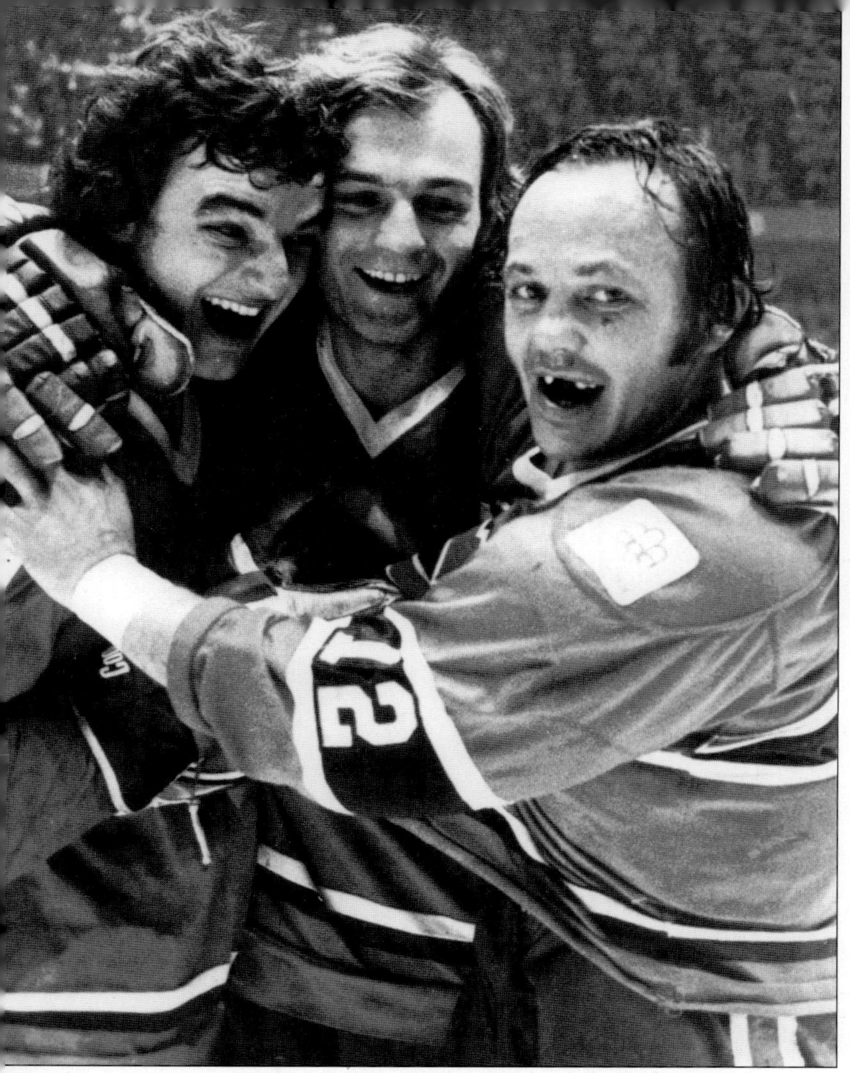

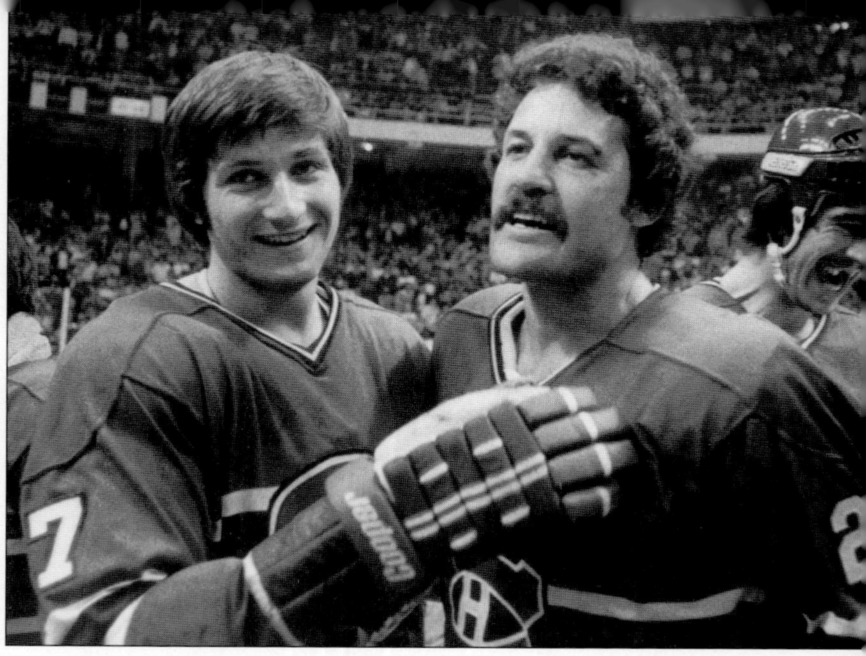

Guy Lafleur, entouré de Mario Tremblay et du capitaine Yvan Cournoyer, sourit après que les Canadiens eurent battu les Flyers en quatre parties, «rapatriant» ainsi la coupe à Montréal. La scène se passait au Spectrum de Philadelphie, en 1976.

Murray Wilson, un habile patineur qui a déjà connu une saison de 24 buts avec les Canadiens, est ici en compagnie du robuste défenseur Pierre Bouchard. Ce dernier a son nom gravé cinq fois sur la coupe Stanley, une fois de plus que son célèbre père, Émile *Butch* Bouchard!

Sur la patinoire du Garden de Boston, Réjean Houle, Yvon Lambert et Yvan Cournoyer ne cachent pas leur joie à la suite de la victoire du Tricolore.

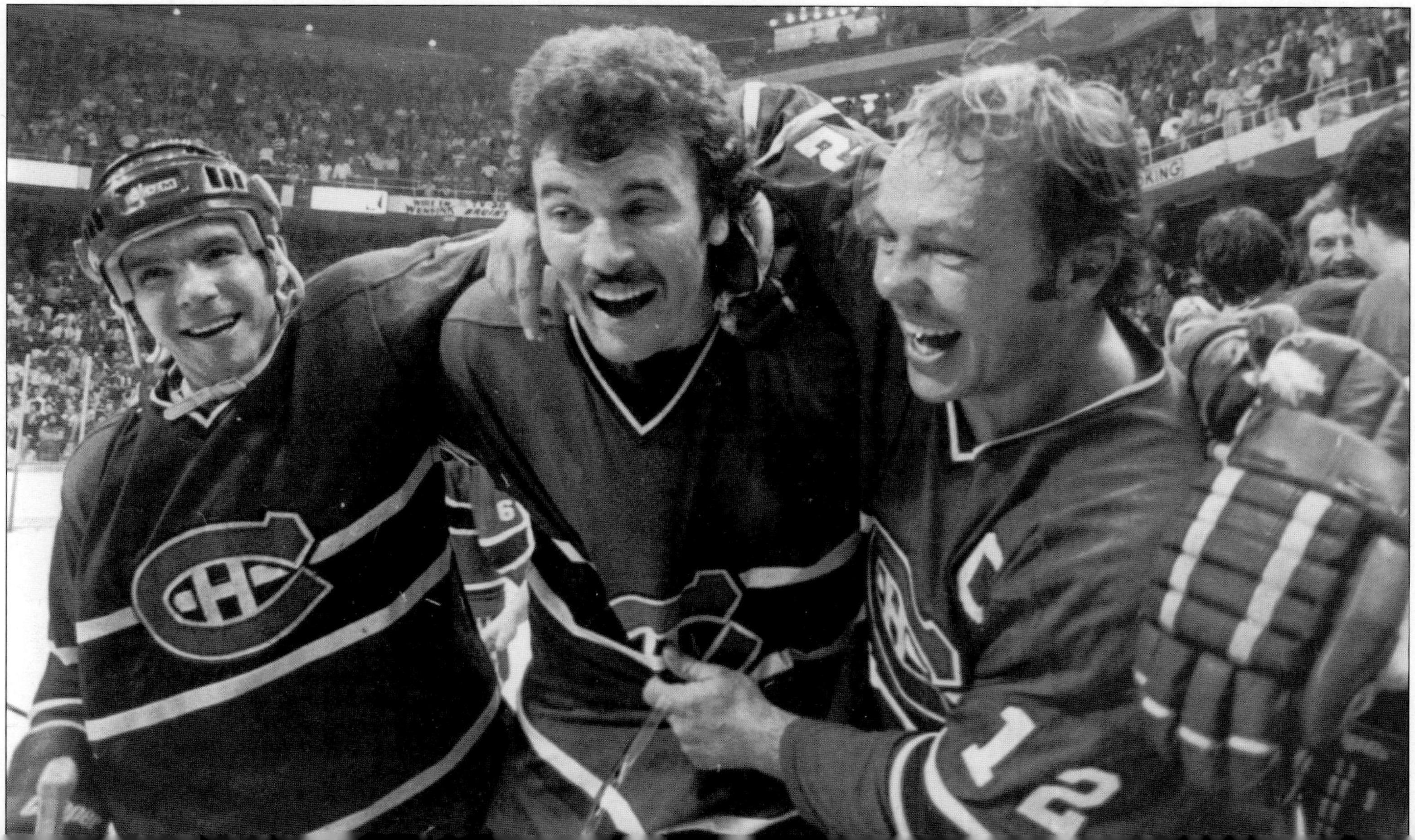

«En 1976, lorsque l'équipe dirigée par Scotty Bowman a remporté la coupe Stanley à Philadelphie, les joueurs se sont retrouvés le lendemain au Forum, le cœur à la fête. J'étais sur place et j'ai réuni les joueurs sur la patinoire, autour de la coupe Stanley. Une photo unique que j'aime bien parce qu'elle recèle beaucoup d'émotion.» — Denis Brodeur

Chris Chelios et Bobby Smith se félicitent après que ce dernier eut complété un beau jeu amorcé par le défenseur Chelios.

Steve Penney saute dans les bras de Larry Robinson, après que le Tricolore eut éliminé les Nordiques de Québec en 1984, en finale de division.

Le petit Mats Naslund — il mesurait 1,70 m — est réconforté par Bob Gainey, Stéphane Richer, Craig Ludwig, Claude Lemieux et Shayne Corson après avoir été ébranlé. Une scène amusante si l'on compare la taille de Naslund à celle de ses coéquipiers.

Mats Naslund hurle sa joie après la victoire des Canadiens contre les Flames lors de la série finale de 1986. On reconnaît aussi Gaétan Lefebvre, Larry Robinson et Bob Gainey.

Guy Carbonneau lève les bras au ciel après avoir réussi à déjouer le gardien des Bruins, Réjean Lemelin.

Pierre Larouche félicite Patrick Roy après que les Canadiens eurent éliminé les Rangers de New York en cinq parties au cours des séries éliminatoires de 1986. Larouche a remporté la coupe Stanley une fois au cours de ses 14 ans dans la Ligue Nationale, soit avec les Canadiens en 1979. Il fut le premier joueur à marquer 50 buts avec deux équipes différentes.

«Wayne Gretzky manifeste sa joie après avoir réussi à déjouer le gardien Richard Sévigny. J'avais fait autographier cette photographie par Wayne, quelques jours plus tard.» — Denis Brodeur

Ron Duguay, des Rangers de New York, heureux d'avoir réussi à déjouer le gardien Denis Herron.

Patrick Poulin, qui a connu une bonne première campagne avec les Whalers de Hartford en 1992-1993, est félicité par ses coéquipiers après avoir marqué contre Montréal.

Jacques Laperrière remet à Doug Harvey le chandail numéro 2 que celui-ci a si fièrement porté avec les Canadiens de 1947 à 1961. Le chandail de Harvey a été officiellement retiré le 26 octobre 1985. Jacques Laperrière a porté le même numéro de 1963 à 1974.

Mario Tremblay avait la larme à l'œil le 22 septembre 1986 lorsqu'il annonça sa retraite après avoir passé 12 ans avec le Tricolore. On a toujours dit de Mario qu'il avait le sigle des Canadiens gravé sur la poitrine tellement il se dépensait pour l'équipe. Mario Tremblay: un joueur qui avait beaucoup de cœur.

Jean Béliveau revêtit pour la dernière fois son uniforme en octobre 1971, lors d'une grande fête organisée en son honneur au Forum. Il avait pris sa retraite le 9 juin, quelques jours après que les Canadiens eurent remporté leur 17e coupe Stanley.

Toe Blake tient dans ses bras un trophée qu'on lui remit lors de la fête organisée en son honneur, après l'annonce de sa retraite.

Guy Lafleur, la gorge serrée, annonce sa retraite

Le 26 novembre 1984, les journalistes de la métropole étaient convoqués au Forum. Guy Lafleur, Serge Savard, Ronald Corey et Claude Mouton avaient tous l'air tendu et la mine déconfite. Guy annonça qu'il avait décidé de prendre sa retraite, indiquant qu'il avait perdu le goût de jouer. Ce fut une conférence de presse empreinte de tristesse, Guy étant à un certain moment incapable de parler. En 1988, tenaillé par le sentiment de ne pas être allé au bout de lui-même et sentant qu'il «avait encore du bon hockey dans les jambes», Guy Lafleur décida d'effectuer un retour au jeu et signa un contrat à titre d'agent libre avec les Rangers de New York.

Guy Lafleur saluant la foule du Forum alors que son épouse essuie une larme. On reconnaît les parents de Guy, Pierrette et Réjean, son fils Martin, Mme Eva Baribeau (sa logeuse, lorsqu'il demeurait à Québec) et l'annonceur Claude Mouton.

Le 16 février 1985 fut une soirée mémorable dans l'histoire du Club de Hockey Canadien et dans la vie de Guy Lafleur, car une grande fête avait été organisée pour souligner le départ du *Démon blond*.

Quatre joueurs visiblement fatigués, mais heureux d'avoir remporté la victoire: Yvan Cournoyer, John Ferguson, Charlie Hodge et Claude Provost.

Robert Rousseau félicite le gardien Lorne Worsley, à l'issue de la conquête de la coupe Stanley par les Canadiens, en 1965, sur la glace du Forum, contre les Black Hawks de Chicago. Il s'agissait d'une première de quatre coupes pour le rondouillard gardien de but.

Bob Gainey, Guy Lapointe et Pierre Bouchard célèbrent une autre victoire des Canadiens en finale de la coupe Stanley, dans les années soixante-dix.

Les Canadiens viennent de remporter la coupe Stanley en défaisant les Rangers de New York lors de la cinquième partie de la finale, au Forum, en 1979. Les joueurs s'élancent en direction de Larry Robinson, prêts à faire la fête.

Ronald Corey est le président du Club de Hockey Canadien, mais aussi le plus farouche partisan de l'équipe. Il ne manque jamais de manifester sa joie lorsque son équipe remporte la victoire au Forum.

Yvon Lambert est accueilli chaleureusement à sa descente d'avion par des partisans à l'aéroport de Dorval, après une autre conquête de la coupe Stanley par le Tricolore.

CHAPITRE 5

Pas facile d'être gardien de but!

« Parce que j'ai moi-même été gardien de but lorsque j'étais jeune, j'ai toujours accordé une attention particulière aux gardiens. Sur le plan photographique, c'est souvent en se concentrant sur eux que l'on peut réaliser les photos les plus spectaculaires. Ce n'est pas facile d'être gardien de but: les tirs sont puissants et rapides, les joueurs adverses tentent d'obstruer la vue, des coups de patin doivent parfois être encaissés; sans compter tous les joueurs qui chutent sur lui. Non, ce n'est pas facile d'être gardien de but.»

Tony Esposito, dépité, seul devant sa cage, après avoir accordé un but à un joueur des Canadiens.

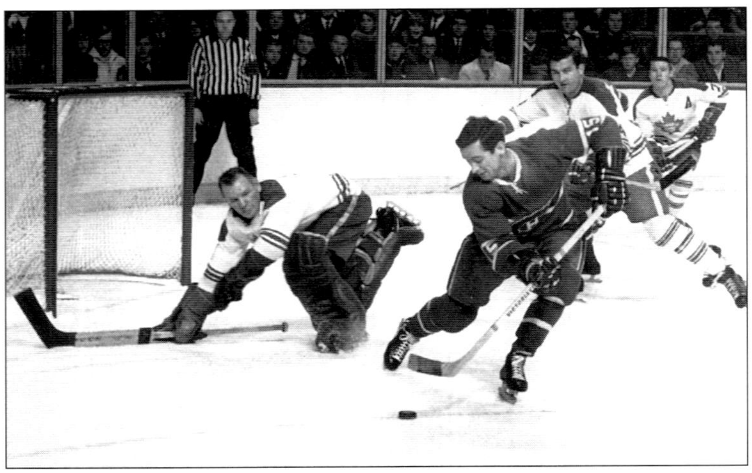

Rogatien Vachon à l'époque où il jouait sans masque.

Johnny Bower tente de retrouver son équilibre avant que Robert Rousseau des Canadiens effectue un lancer du revers.

Stan Jonathan retenant Ken Dryden à l'arrière du filet.

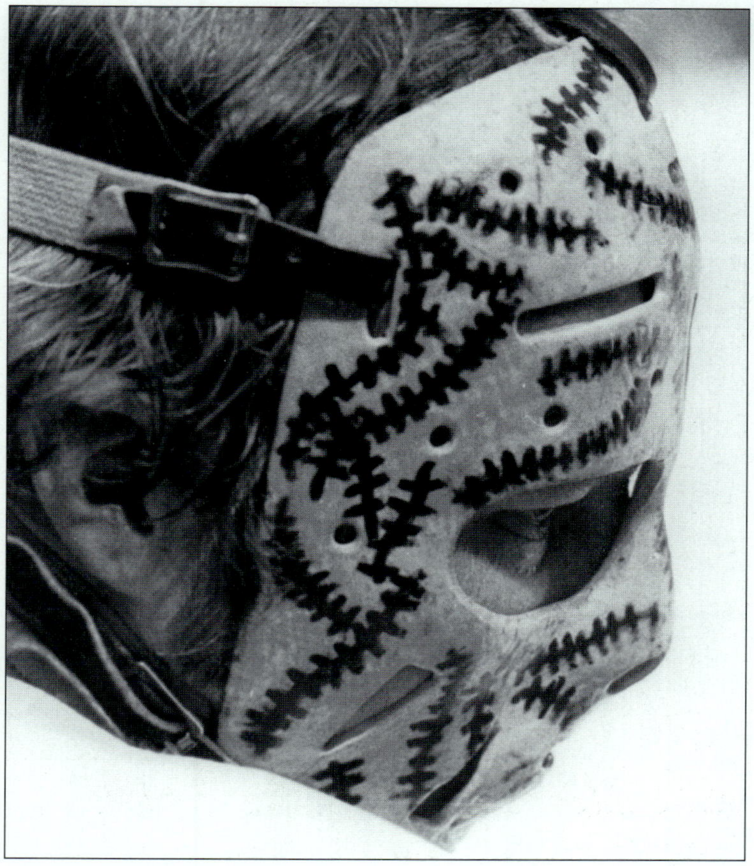

Andy Brown, des Penguins de Pittsburgh, fut le dernier gardien de but de la Ligue Nationale à jouer sans masque. Ici, il effectue un arrêt incroyable aux dépens de Pete Mahovlich.

Gerry Cheevers et son célèbre masque indiquant chaque endroit où il a été atteint par une rondelle au cours de sa carrière.

Gerry Cheevers pensait bien avoir maîtrisé la rondelle, qui s'apprête à pénétrer dans le filet.

Lors de ce jeu, Bernard Parent, des Flyers, a dû à la fois repousser le disque et Bob Gainey…

Dans une telle position, ce pauvre gardien des Jets pourra-t-il arrêter la rondelle?

Mine de rien, Mats Naslund s'empare du bâton du gardien des Flyers, Ron Hextall. Sacré farceur!

Le gardien Jacques Cloutier perd l'équilibre après être entré en collision avec le capitaine des Canadiens, Guy Carbonneau.

Mario Gosselin, des Nordiques, tente de se relever en prenant appui sur Guy Carbonneau.

Ken Dryden parviendra-t-il à arrêter la rondelle avant qu'elle ne franchisse la ligne rouge?

Ken Dryden, forcé de jouer les acrobates pour empêcher que la rondelle ne pénètre dans le filet.

Le voici en fâcheuse position après que Gary Dornhoefer des Flyers eut chuté sur lui.

Le gardien Ken Wregget des Flyers voit apparaître la rondelle au bout de son nez, sous le regard de Stéphane Richer.

Le visage couvert de neige projetée par Mario Tremblay, Daniel Bouchard a échappé et perdu de vue la rondelle.

Chris Nilan à l'assaut du filet défendu par Pete Peeters des Bruins.

Richard Brodeur, des Canucks de Vancouver, tente tant bien que mal d'arrêter la rondelle lancée par Réjean Houle.

Heureusement que les gardiens de but ont aujourd'hui la figure bien protégée, car les tirs dépassent souvent les 160 km/h. Mais un gardien est toujours secoué lorsqu'une rondelle atteint son masque.

Doug Risebrough n'y va pas de main morte face au gardien de but des Islanders.

Dans l'une de ses manœuvres caractéristiques, Wayne Gretzky surgit de derrière le filet avec la rondelle. De quoi mettre Steve Penney sur les dents…

Grant Fuhr, des Oilers, a tout tenté pour arrêter cette rondelle envoyée par Mike McPhee des Canadiens.

À deux devant le filet, ce serait peut-être plus facile! Philippe Myre et Rogatien Vachon, photographiés par Denis Brodeur lors du camp d'entraînement des Canadiens en 1970. Vachon fut échangé aux Kings de Los Angeles le 4 novembre 1971, alors que Myre prit le chemin d'Atlanta lors du repêchage de l'expansion de 1972. Phil Myre n'a jamais eu l'occasion de graver son nom sur la coupe Stanley, alors que Vachon a vécu cette sensation à trois reprises avec le Tricolore, à la fin des années soixante.

L'art d'aveugler un adversaire…

Patrick Roy doit faire un peu d'acrobatie pour éviter son défenseur Kevin Haller, en mauvaise posture.

Un «p'tit coup de patin en passant» au gardien Greg Millen, gracieuseté de Chris Nilan…

MALONEY
26

CHAPITRE 6

Un sport de contact

Les solides mises en échec et les bagarres ont toujours fait partie du hockey qui n'a jamais été un sport de salon. Les mises en échec légales, solides mais «propres», ont toujours été appréciées des amateurs de hockey, mais on sait aussi dénoncer avec véhémence les coups malhonnêtes et les mises en échec dangereuses. Les plus vieux se souviendront de Maurice *Rocket* Richard, qui n'hésitait pas à jeter les gants devant un adversaire, de Bobby Baun, défenseur des Maple Leafs reconnu pour ses retentissantes mises en échec, de John Ferguson, le «policier» des Canadiens durant huit saisons, de Larry Robinson, qui n'hésitait pas à se servir de son corps pour ralentir l'adversaire. Quel amateur de hockey n'a pas en mémoire les noms des Williams, Schultz, Nilan, qui ont maintenant cédé leur place aux Probert, Domi, Roberge, Odjick, Ewen et Marchment comme membres de la brigade des «durs à cuire».

«Même s'il y a de plus en plus de gens qui condamnent les bagarres au hockey et qui en prônent même l'abolition, note Denis Brodeur, elles font encore partie du jeu.» Le débat pourrait être long, mais personnellement, je déplore surtout les coups de bâton vicieux, délibérément assenés pour blesser les meilleurs joueurs. C'est dommage parce que le hockey est avant tout un spectacle, et les amateurs veulent par-dessus tout voir les joueurs exprimer tout leur talent.

Les gardiens de but doivent être prêts à toute éventualité lorsqu'ils sont devant leur filet, même à recevoir un coup de patin, comme le démontre si bien Mario Tremblay, mis en échec par le défenseur Dave Maloney des Sabres...

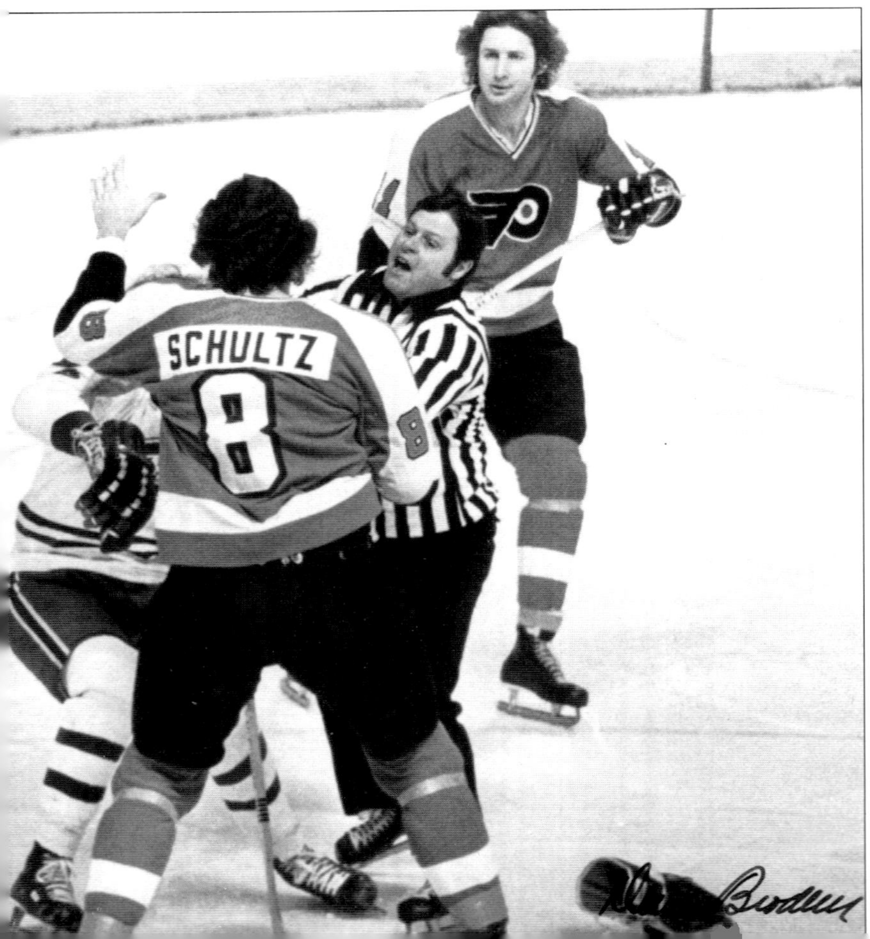

Dave Schultz frappe encore!

De 1971 à 1976, Dave Schultz porta les couleurs des Flyers de Philadelphie et remporta la coupe Stanley à deux reprises avec cette équipe, en 1974 et 1975. Schultz, un ailier gauche, était alors le roi des durs dans la Ligue Nationale. Avec Don Saleski, Bob Kelly et quelques autres, il intimidait les joueurs des autres équipes et il s'est rapidement taillé une réputation d'excellent bagarreur. Au cours de la saison 1974-1975, il obtint 472 minutes de punition et, après avoir joué avec Los Angeles, Pittsburgh et Buffalo, il prit sa retraite après neuf saisons, avec un total de 2294 minutes de punition en carrière.

«Lors d'une partie disputée au Forum entre les Flyers et les Canadiens, raconte Denis Brodeur, le défenseur des Canadiens John Van Boxmeer, tout de même un solide gaillard de 1,83 m, s'est retrouvé devant Schultz et tous deux ont jeté les gants. Je pense que Van Boxmeer n'a jamais su ce qui lui était arrivé. En moins de deux, alors que le juge de ligne Claude Béchard tentait de s'interposer entre les deux joueurs, Schultz dirigea un crochet de droite au visage de Van Boxmeer, qui s'écroula sur la glace, *knock out*. Voilà qui était de nature à faire réfléchir tous les autres joueurs qui voulaient tenter de régler le cas de Schultz.» — Denis Brodeur

SCHULTZ
8

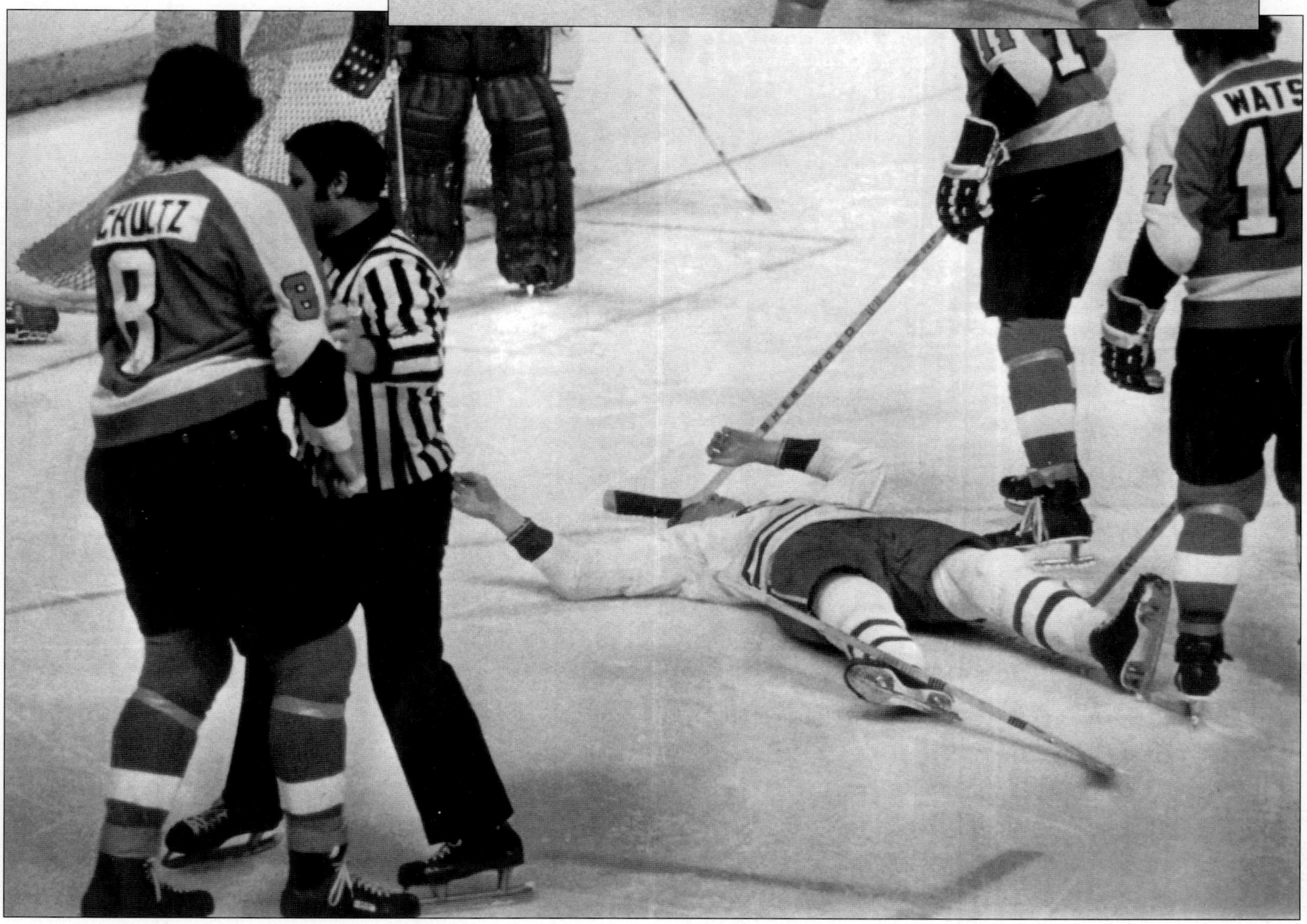
8
WATS

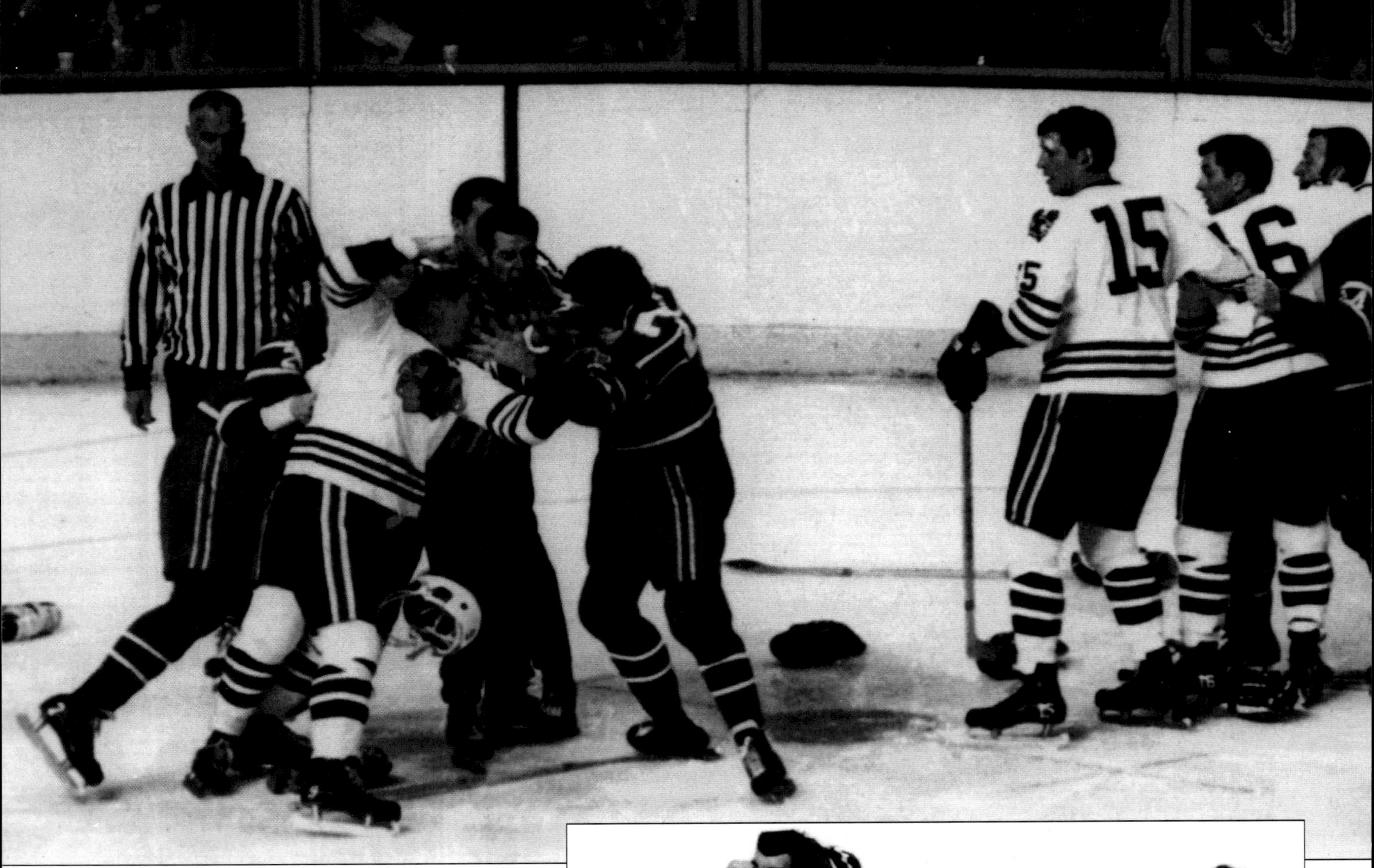

«Un soir, au Forum, John Ferguson jeta les gants devant Bobby Hull, et l'ailier gauche des Black Hawks n'hésita pas à engager le combat, même s'il portait un casque protecteur spécial à la suite d'une fracture de la mâchoire. Heureusement, les juges de ligne séparèrent rapidement les deux adversaires, et Hull n'aggrava pas sa blessure. Ce fut l'une des rares fois où John Ferguson fut hué au Forum: on ne lui pardonnait pas d'avoir voulu s'en prendre à Hull, qui jouait en dépit de sa blessure.» — Denis Brodeur

John Ferguson engage le combat avec le défenseur Ted Green des Bruins de Boston alors que les deux juges de ligne tentent de s'interposer.

Shayne Corson, l'ancien numéro 27 des Canadiens, n'a certes pas eu le meilleur lors de cette altercation contre un joueur des Bruins.

Au temps de la grande rivalité entre les Nordiques et les Canadiens, les spectateurs avaient souvent droit à des séances de «chamaillage» et à des bagarres. Ici, on reconnaît Michel Goulet et Mario Tremblay, au cœur de l'action.

Un bien triste Vendredi saint…

Le 20 avril 1984, Canadiens et Nordiques s'affrontent au Forum dans le sixième match de la finale de division opposant les deux équipes. Les joueurs sont tendus. Les Nordiques cherchent un moyen de venir à bout du gardien Steve Penney, alors que les joueurs de Jacques Lemaire commencent à en avoir «ras le bol» de la «petite peste» des Nordiques, Dale Hunter. Vers la fin de la deuxième période, ce dernier s'attaque à Guy Carbonneau après un arrêt du jeu, puis Chris Nilan entre dans la danse en assenant un coup de poing à Randy Moller des Nordiques. C'est la foire, les deux bancs se vident. Mario Tremblay, aux prises avec Peter Stastny, parvient à lui fracturer le nez alors que Louis Sleigher des Nordiques met K.O. le défenseur Jean Hamel. L'arbitre Bruce Hood décerne 108 minutes de punition, mais le jeu n'a pas aussitôt repris que Mark Hunter des Canadiens cherche à venger son coéquipier Hamel, qui a dû prendre le chemin de l'hôpital, en cherchant à s'en prendre à Louis Sleigher. La foire recommence et Bruce Hood décerne cette fois 90 minutes de punition. Les Canadiens ont remporté finalement le match par la marque de 5-3, mais cette bagarre générale demeure un bien triste souvenir dans l'histoire de la rivalité Nordiques-Canadiens.

Dale Hunter s'est littéralement fait déchirer son chandail par un adversaire lors de cette désormais célèbre mêlée générale du Vendredi saint qui se déroula au Forum. Le juge de ligne John D'Amico va se charger de l'escorter jusqu'à la sortie de la patinoire.

Canadiens et Nordiques s'en donnent à cœur joie durant la sixième partie de la finale de division en 1984.

L'arbitre Bruce Hood s'interpose alors que Wilfrid Paiement et Louis Sleigher des Nordiques tentent de s'en prendre à Mark Hunter des Canadiens.

Au cours de sa carrière qui a duré 13 saisons dans la Ligue Nationale, Chris Nilan a toujours été reconnu comme un habile bagarreur, qui ne s'en est jamais laissé imposer par un adversaire. Nilan a joué successivement à Montréal, à New York pour les Rangers, à Boston puis est venu terminer sa carrière à Montréal à l'hiver 1992. Il figurait au deuxième rang des joueurs les plus punis dans l'histoire de la Ligue Nationale à la fin de la saison 1991-1992, derrière Dave Williams, avec 3043 minutes.

Chris Nilan a toujours utilisé tous les moyens pour se faire respecter, se servant même de la patinoire comme trempoline afin de mieux pouvoir mettre en échec ses adversaires…

Le défenseur des Canadiens Rick Chartraw n'y va pas de main morte pour contrer ce joueur des Blues.

Dans les années soixante-dix, les parties mettant aux prises les Canadiens et les Bruins étaient souvent fort mouvementées et les bagarres, très fréquentes. On reconnaît trois joueurs des Canadiens, Steve Shutt, Jacques Lemaire et Guy Lafleur.

Une mêlée derrière le filet des Black Hawks provoquée par la fougue du trio Lambert-Tremblay-Risebrough.

«On ne va pas plus loin, Monsieur Naslund!» semble dire Peter McNab des Bruins.

Les juges de ligne en ont plein les bras alors qu'ils tentent de séparer Phil Roberto des Canadiens et un joueur des Blues.

Le joueur des Rangers de New York Steve Vickers s'apprête à voir la glace de près, au cours d'une bagarre contre Guy Lapointe, un défenseur très robuste qui avait facilement fait perdre l'équilibre à son adversaire.

«Le défenseur des Canadiens Serge Savard, qui n'était pourtant pas reconnu comme un joueur qui laissait tomber souvent les gants, en a eu assez un soir au Forum, contre les Flyers. Il a décidé d'engager le combat contre nul autre que Dave Schultz. Serge n'avait pas si mal paru contre l'as bagarreur de la Ligue Nationale.» — Denis Brodeur.

Alors que Larry Robinson retient un joueur adverse, les pieds solidement ancrés dans la glace, Mario Tremblay est prêt à reprendre le combat contre John Wensink des Bruins.

Pete Mahovlich et Bobby Orr en étaient venus aux coups lors d'un match disputé au Forum entre les Canadiens et les Bruins. Il était peu fréquent que Mahovlich et Orr décident de jeter les gants.

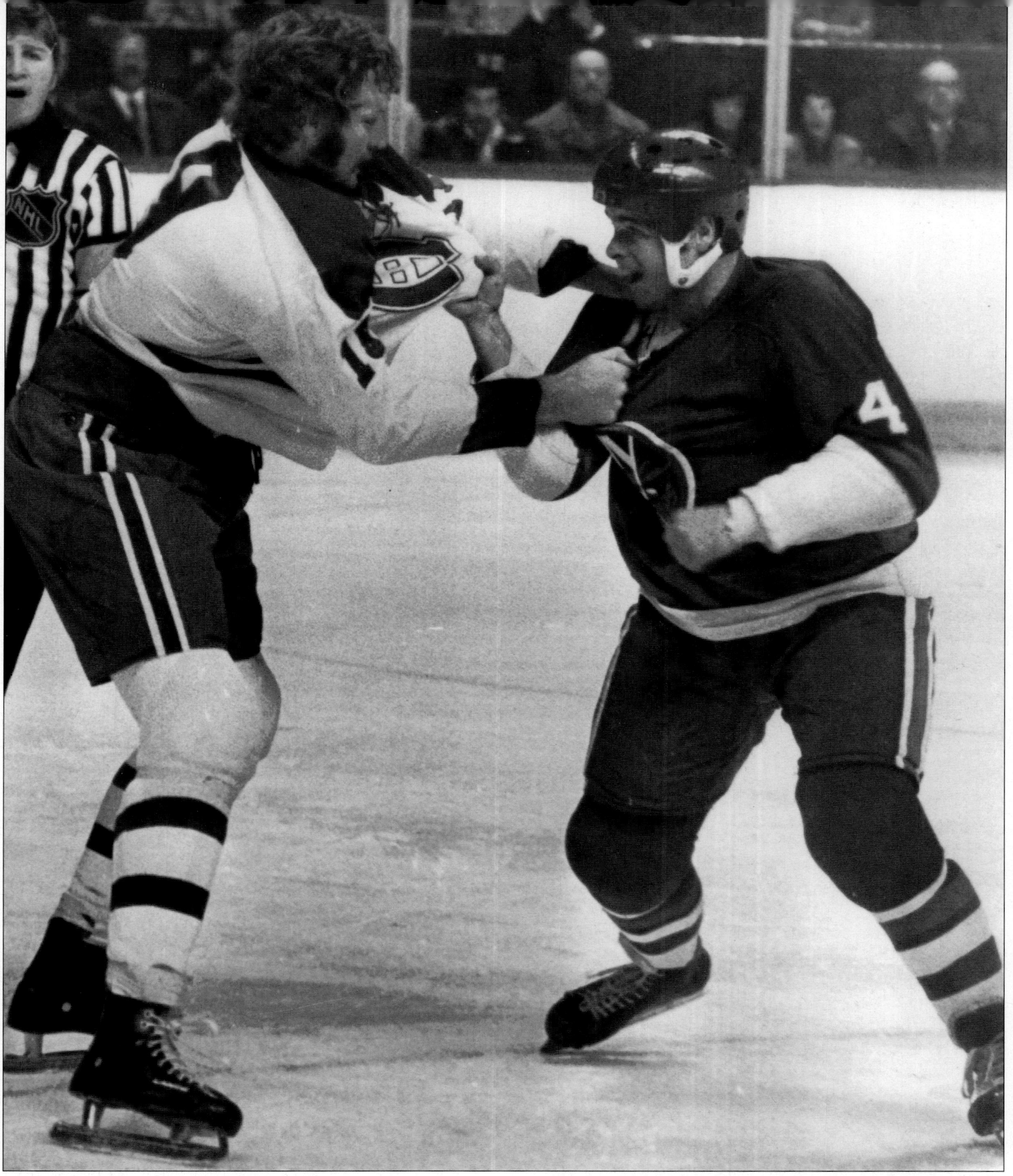

Jean Potvin, des Islanders, décida malgré son 1,80 m de s'attaquer au grand Larry Robinson après avoir été mis en échec par ce dernier.

Les Nordiques et les Canadiens ont été à la source d'une rivalité qui a souvent donné lieu à des étincelles entre les joueurs des deux équipes. Maintenant que Québec possède l'une des meilleures formations, grâce à son attaque explosive, la rivalité entre les deux équipes a repris, mais sans revêtir le caractère passionné de la dernière décennie.

Sergio Momesso, qui a fait partie de la formation régulière des Canadiens de 1985 à 1988, en mauvaise posture contre son adversaire.

Admirez la technique de Craig Ludwig, un homme fort, qui avait décidé de montrer à ce joueur des Bruins que le filet de Patrick Roy pouvait se soulever facilement…

Un mur appelé Brian Engblom…

Une mise en échec tout à fait légale, qui a mis ce joueur des Canadiens tout à l'envers…

Tout à fait le genre de mise en échec qui fait son effet... à croire que le joueur des Canadiens en a perdu la tête!

Ce n'est sans doute pas très élégant comme style, mais l'important est de contrer l'adversaire... C'est la technique de Randy Carlyle des Jets de Winnipeg.

Une mêlée devant le filet des Sabres alors que Chris Chelios et Brian Skrudland s'en donnent à cœur joie.

Un regard de Dale Hunter chargé de reproches, adressé au défenseur Larry Robinson.

Un regard pour le moins méchant de John Ferguson à l'endroit de Bobby Baun des Maple Leafs de Toronto.

Le fougueux Mario Tremblay aux prises avec Don Saleski des Flyers de Philadelphie.

«Dans la seconde moitié des années soixante-dix, les adversaires des Canadiens se devaient à tout prix de tenter de ralentir Guy Lafleur, souvent par tous les moyens. Des mises en échec et des coups illégaux, Guy en a encaissé plusieurs au cours de sa carrière.» — Denis Brodeur

Pierre Bouchard, qui a porté les couleurs des Canadiens de 1970 à 1978, engage le combat contre un joueur des Capitals.

CCM
19
CANADA
12

Chapitre 7

1972: la Série du siècle

Modestes, ils affirmaient qu'ils étaient venus au Canada pour apprendre. Pas de prétention, ni d'arrogance. Pour les amateurs de hockey, les Soviétiques, simple question de bon sens, allaient voir de quel bois nos hockeyeurs se chauffaient. Car pour la première fois, des joueurs-vedettes de la Ligue Nationale de Hockey allaient se frotter aux meilleurs joueurs soviétiques grâce au tournoi de huit parties mis sur pied par Hockey Canada, la Fédération soviétique de hockey et l'Association canadienne de hockey amateur. Les quatre premiers matchs entre Équipe Canada et l'équipe de l'URSS allaient être disputés au Canada, les quatre autres à Moscou.

À la mi-août de 1972, les joueurs d'Équipe Canada dirigés par les entraîneurs Harry Sinden et John Ferguson sont réunis pour participer au camp d'entraînement à Toronto, car le premier match doit avoir lieu le 2 septembre à Montréal. Les Esposito, Cournoyer, Mahovlich, Park, Ratelle, Clarke et Dryden sont tous sur place, désireux de démontrer leur supériorité. Bobby Hull, qui avait signé

Paul Henderson des Maple Leafs de Toronto, enlacé par Yvan Cournoyer des Canadiens, laisse éclater sa joie après avoir procuré une victoire capitale à Équipe Canada, en 1972.

avec une équipe de l'Association mondiale de hockey (AMH) et Bobby Orr, blessé au genou, ne font malheureusement pas partie de l'équipe, mais, qu'à cela ne tienne, tout le monde s'accorde pour dire que les Soviétiques vont se faire battre à plate couture. Certains osent même prédire que le Canada gagnera facilement les huit parties.

Le premier match de la série a lieu au Forum de Montréal, devant plus de 18 000 spectateurs. Après les cérémonies protocolaires, cette première partie entre les joueurs canadiens et soviétiques se met en branle. Avec seulement 30 secondes d'écoulées, Phil Esposito accepte une passe de Frank Mahovlich et déjoue le gardien Vladislav Tretiak, semant le délire dans la foule. Puis, un peu plus de six minutes plus tard, Paul Henderson, des Maple Leafs, porte le compte à 2-0 pour le Canada. Dans la foule et dans toutes les chaumières du Québec et du reste du Canada, on trépigne et on ose à peine imaginer le résultat de l'humiliante défaite que les Soviétiques s'apprêtent à subir.

Le reste fait partie de l'histoire. L'équipe soviétique marque sept buts contre Ken Dryden alors que seul Bobby Clarke ajoute un but pour le Canada. Avec cette gênante défaite de 7-3, le choc est brutal: les joueurs du Canada retournent au vestiaire la tête basse.

Non seulement on avait sous-estimé les joueurs de ce qu'on appelait alors l'URSS, mais, on réalisait en plus que cette équipe comptait sur un excellent gardien de but, Vladislav Tretiak, âgé seulement de 20 ans.

Le Canada remporta le deuxième match disputé à Toronto par la marque de 4-1, tout en ayant dirigé 36 lancers sur Tretiak. Lors de la troisième rencontre, grâce à deux buts rapides marqués en fin de deuxième période, l'URSS fit match nul 4-4 avec le Canada. Vladislav Tretiak fut l'étoile de la rencontre, repoussant 34 tirs.

Lors du quatrième match joué à Vancouver le 8 septembre, les Soviétiques gagnent par le pointage de 5-3. Encore une fois, Tretiak résiste aux attaques des joueurs du

Fâcheuse position pour Paul Henderson. Heureusement, il ne fut pas blessé sur le jeu.

Canada, qui lancent 41 fois sur lui. Équipe Canada se dirige maintenant vers l'URSS avec une fiche d'une victoire, deux défaites et un match nul. Alors qu'on croyait une semaine plus tôt que les joueurs d'Équipe Canada allaient écraser ceux de l'URSS et leur en faire voir de toutes les couleurs, voilà que bien peu d'amateurs croyaient désormais aux chances de l'équipe de remporter cette série.

Le 22 septembre, à l'aréna Luzhniki de Moscou, les deux équipes se font à nouveau face. Le Canada parvient à anéantir les attaques adverses et se donne une priorité de 3-0 après deux périodes. En route vers la victoire? Pas tout à fait puisqu'en début de troisième période, les Soviétiques marquent un premier but contre Tony Esposito. Moins d'une minute plus tard, Paul Henderson marque son troisième but du tournoi pour redonner l'avance 4-1 à son équipe. Puis, le ciel s'abat sur la tête des joueurs du Canada: les Soviétiques marquent deux buts en l'espace de huit secondes, et en ajoutent deux autres un peu plus tard pour l'emporter... Défaite

Paul Henderson est surveillé étroitement par deux joueurs soviétiques.

Même s'il est mis en échec par le défenseur Gary Bergman, Boris Mikhailov s'apprête à effectuer un tir en direction du filet protégé par Ken Dryden.

Un geste d'impatience de Phil Esposito, visiblement fatigué, en direction des partisans de l'équipe locale.

crève-cœur, qui fait terriblement mal à l'équipe du Canada, compte tenu que la victoire semblait assurée. Si le Canada veut gagner la série, il doit remporter les trois dernières rencontres, une mission apparemment impossible aux yeux de la plupart des amateurs de hockey du Canada.

Deux jours plus tard, lors du sixième match, c'est Ken Dryden qui, à la recherche d'une première victoire, remplace Esposito devant le filet. Aucun but n'est compté en première période alors que Dryden repousse 12 tirs, mais au début du deuxième tiers, Liapkin déjoue Dryden. La réplique du Canada ne tarde pas: en moins de deux minutes, Dennis Hull, Yvan Cournoyer et Paul Henderson portent la marque à 3-1. Puis Yakushev marque son troisième filet du tournoi en fin de deuxième période pour réduire l'écart à 3-2. C'est avec ce pointage que le match se terminera.

Dans l'entourage d'Équipe Canada, on se met à espérer, et les entraîneurs Harry Sinden et John Ferguson prennent bien soin de répéter à leurs joueurs que tout reste à gagner, qu'ils doivent «prendre les matchs un à un».

Le 26 septembre, pour la présentation de la septième rencontre, Tony Esposito est de retour devant le filet du Canada. Phil Esposito, champion marqueur de la saison précédente avec 66 buts en 76 parties, enfile son quatrième but de la série à 4:09 de la première période. Yakushev et Petrov donnent l'avantage aux Soviétiques, mais Esposito, encore lui, nivelle le pointage. La marque est toujours de 2-2 en troisième période lorsque Rod Gilbert, des Rangers, marque son premier et seul but de la série. Un peu plus de trois minutes plus tard, Yakushev, sans doute le meilleur joueur de l'équipe soviétique, déjoue Tony Esposito, et le compte est à nouveau égal. C'est enfin Paul Henderson, un compteur de 38 buts la saison précédente, qui procure cette importante victoire au Canada en inscrivant son sixième but du tournoi, grâce à une passe de Serge Savard. Il ne reste plus maintenant qu'un seul match, une rencontre décisive digne d'un scénario d'Hollywood.

Il y a évidemment beaucoup de pression de part et d'autre le jeudi 28 septembre, mais les deux équipes sont prêtes pour l'ultime match. Au Québec et dans le reste du Canada, tous ceux qui ne travaillent pas ou qui ont carrément pris une journée de congé pour l'occasion, sont devant leur téléviseur tandis que d'autres, un transistor à la main, écoutent la radiodiffusion de la rencontre. Tous les amateurs de hockey qui ont passionnément suivi cette série de huit rencontres se souviennent de l'endroit où ils étaient et de ce qu'ils faisaient ce jour-là.

Cette partie fut l'une des meilleures de la série, les Soviétiques et les Canadiens s'échangeant des buts à tour de rôle en première période. Au début du deuxième tiers, Vladimir Shadrin porte le compte à 3-2 à seulement vingt et une secondes. Bill White égalise le pointage au milieu de la période, mais les Soviétiques prennent d'assaut le filet défendu par Ken Dryden et enregistrent deux autres buts. Après deux périodes, les joueurs du Canada tirent donc de l'arrière 5-3.

En troisième, Phil Esposito, le leader de l'équipe, réduit l'écart en marquant son septième but contre Tretiak. Puis, à 12:56, Yvan Cournoyer accepte un relais d'Esposito et parvient à tromper la vigilance du gardien soviétique. Il reste un peu plus d'une minute à jouer et les deux formations sont à égalité. Paul Henderson saute sur la glace. En zone adverse, il fait une incursion du côté gauche et parvient à lancer sur Tretiak, qui stoppe la rondelle. Henderson perd l'équilibre, tombe derrière le filet, se relève tout en apercevant Esposito qui est parvenu à soutirer la rondelle aux défenseurs soviétiques. Esposito lance en direction de Tretiak, qui ne peut retenir la rondelle dont Henderson s'empare. Il lance une première fois, Tretiak effectue l'arrêt; la rondelle revient sur son bâton et, même s'il est contré par un défenseur adverse, il lance à nouveau en direction du filet. Tretiak, étendu sur la glace, ne peut rien faire, et le disque pénètre dans la cage alors qu'il ne reste que 34 secondes de jeu.

Incroyable! Yvan Cournoyer saute dans les bras de Paul Henderson, tous les joueurs quittent le banc pour aller féliciter le héros, celui qui donne la victoire au Canada en lui permettant de remporter la série avec une fiche de quatre victoires, trois défaites et un match nul.

Des clichés qui allaient passer à l'histoire

La photographie que Denis Brodeur réalisa de Paul Henderson, les bras au ciel, enlacé par Cournoyer, à la suite de son but victorieux, a fait le tour du monde et demeure l'une des plus célèbres du photographe québécois. Denis Brodeur a incidemment beaucoup de choses à raconter concernant cette fameuse *Série du siècle*, qui compte parmi les grands épisodes de sa carrière.

«Cette série de parties revêtait une grande importance pour moi, et j'avais beaucoup de pression sur les épaules, parce que j'avais été engagé par Les Éditions de l'Homme pour faire un livre sur la série en compagnie du journaliste Gilles Terroux. Je devais, évidemment, produire d'excellentes photographies.»

«J'avais emporté avec moi en URSS plusieurs tablettes de chocolat, car j'avais tellement de travail à réaliser qu'il fallait que je me fasse des amis un peu partout pour me faciliter la tâche. La première chose que j'ai exécutée à Moscou fut d'établir le contact avec un photographe soviétique qui semblait amical. De peine et de misère, à l'aide de mon inséparable petit dictionnaire, je lui ai fait comprendre que je cherchais un endroit pour faire développer mes films. Je n'avais pas le choix parce qu'à notre retour à Montréal, un représentant des Éditions de l'Homme devait nous attendre à l'aéroport pour prendre possession du texte de Gilles Terroux et des photographies. Ce fut d'ailleurs fait: à peine quelques jours après notre arrivée, le livre était disponible un peu partout.

«Cela dit, le photographe soviétique avec lequel je m'étais lié d'amitié travaillait pour le journal *Izvestia*. La première fois qu'il m'a invité à son journal, il est venu me chercher à mon hôtel et, à ses bureaux, il s'est fait un devoir de me présenter à tout le monde. Évidemment, personne ne parlait l'anglais, mais un autre jour où j'y étais, il y avait leur correspondant en Angleterre, qui, naturellement, pouvait servir d'interprète. Ils m'ont emmené dans une salle où il y avait une vingtaine de personnes, des journalistes, des techniciens de chambre noire et différents employés. Et là, j'ai été amicalement soumis à un véritable barrage de questions, d'abord sur le quotidien pour lequel je travaillais, *Montréal-Matin*. Quand je leur ai indiqué que le journal comptait 28 pages de sport, ils sont tombés par terre! Puis, ils m'ont demandé le montant de mon salaire et celui des journalistes. La conversation a enfin bifurqué vers le hockey: ils voulaient savoir les salaires de Dryden, de Phil Esposito, obtenir des renseignements sur les Canadiens de Montréal, sur la Ligue Nationale. Ce fut un après-midi passionnant, même si je me suis demandé à un certain moment qui j'étais au fond pour répondre à toutes leurs questions! Mais ils ont bien apprécié de me rencontrer et ont ensuite toujours été d'une grande gentillesse lorsque j'arrivais à leur journal pour développer des films.»

C'est surtout à l'aréna Luzhniki, où se déroulaient les matchs, que Denis Brodeur se félicita d'avoir eu l'ingénieuse idée d'apporter des tablettes de chocolat, question de faire un peu de marchandage afin d'être mieux en mesure d'accomplir son travail.

«À l'aréna, il y avait un espace réservé aux photographes, mais j'avais trouvé un placier amical qui, en échange de tablettes de chocolat, m'a réservé une place particulière, me permettant d'avoir un angle de vue différent de celui de l'endroit que l'on nous avait réservé.»

Denis Brodeur raconte les derniers moments de cette série et les circonstances dans lesquelles il a photographié Paul Henderson marquant le but gagnant. Des clichés qui sont passés à l'histoire! «Je me souviens, lors de la dernière partie quand les Soviétiques ont porté le compte à 5-3 vers la fin de la deuxième période, je me suis dit que c'était terminé et que l'équipe soviétique allait gagner la série. Au début de la troisième, comme j'avais oublié de prendre des photographies du banc des Soviétiques, des entraîneurs Bobrov et Kulagin, j'ai fait le tour complet de la patinoire et pris les photos souhaitées. Mais après qu'Esposito eut réduit le pointage au début de la troisième période, j'ai couru pour retrouver ma place. J'y suis arrivé juste au moment où Yvan Cournoyer égalisait le compte. J'ai alors placé un nouveau film dans mon appareil photo et, quand Paul Henderson a marqué le but gagnant, je n'ai rien manqué de l'action: j'ai pris au moins une séquence d'une douzaine de photographies de ce but. Ce fut l'un des plus beaux moments de ma vie. L'ambiance était extraordinaire dans l'aréna, car il devait y avoir au moins un millier de Canadiens, beaucoup plus bruyants que les milliers de Soviétiques sur place. Alors quand Paul Henderson a marqué, les partisans canadiens ont tellement crié et manifesté leur joie qu'on se serait presque cru au Canada, au Forum.

«Moi, je savais que je venais de faire des clichés qui allaient passer à l'histoire, mais, en photographie, on ne sait jamais avant d'avoir développé si la mise au point était parfaite, s'il n'est pas arrivé un pépin en cours de route. Tout de suite après la partie donc, je me suis rendu au journal *Izvestia* avec mon ami photographe et on a développé mes films. Inutile de dire que j'étais euphorique quand j'ai vu que les photos du but gagnant d'Henderson étaient excellentes!»

Vladislav Tretiak vient de céder devant Bobby Clarke des Flyers. À l'arrière du filet, Paul Henderson manifeste sa joie.

Il n'y a aucun doute que la robustesse utilisée par les joueurs du Canada, particulièrement lors des parties disputées en URSS, fut l'un des éléments de la victoire de l'équipe canadienne.

Ken Dryden, appuyé sur son bâton, prend un répit au cours du premier match de la série. Les Soviétiques infligèrent une cinglante défaite à Équipe Canada par la marque de 7-3.

Étourdi par le brio de l'attaque soviétique, Ken Dryden ne parvient pas à effectuer l'arrêt sur ce tir de Vladimir Shadrin.

Harry Sinden, inquiet, derrière le banc de l'équipe de joueurs-étoiles du Canada. Devant lui, on reconnaît Paul Henderson.

CANADA
CCCP

CANADA

CANADA
12
CCCP

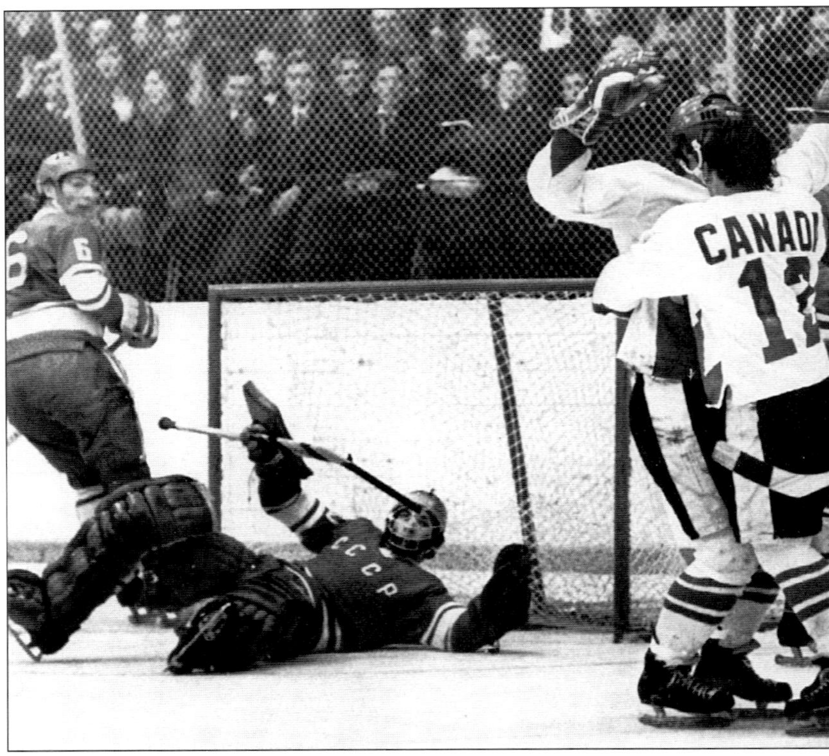
CCCP

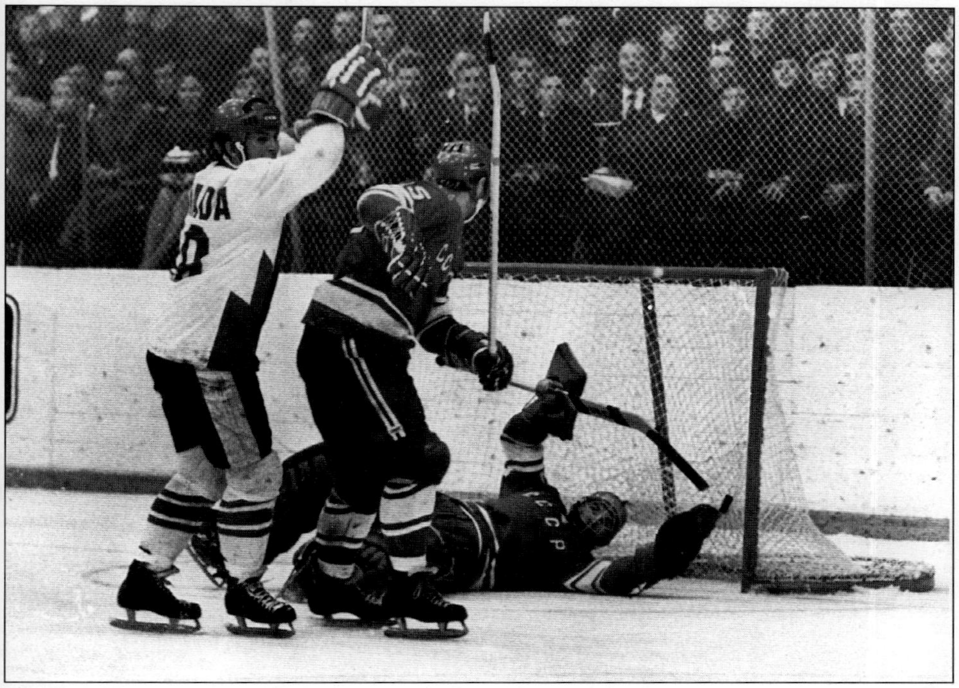

LE BUT QUI A SAUVÉ L'HONNEUR DU CANADA

«C'est ce but de Paul Henderson, l'un des meilleurs des nôtres, qui permit à Équipe Canada de remporter de justesse la série de parties l'opposant à l'équipe de l'URSS. J'ai photographié toute la séquence. Ce fut un grand moment de joie pour nos hockeyeurs, mais également pour moi, photographe et amateur de hockey.» — Denis Brodeur

John Ferguson voulait absolument que Denis Brodeur le photographie lors du changement de garde près du Kremlin.

Denis Brodeur et Jean Béliveau, posant sur la place Rouge à Moscou.

«Mon ami Tretiak, un homme extraordinaire»

Les huit rencontres de 1972 qui opposèrent une équipe de joueurs-étoiles de la LNH à l'équipe de joueurs amateurs (!) soviétiques ont complètement modifié notre perception de notre sport national. Nous pensions que nous étions les plus forts, que nos joueurs étaient les meilleurs, mais nous avons découvert que l'on savait aussi jouer au hockey en URSS, et que ce pays avait formé d'excellents joueurs qui auraient certainement eu leur place dans des formations de la Ligue Nationale.

Le plus célèbre d'entre tous, le plus connu et le plus apprécié en raison de ses exploits et de sa «bouille» sympathique fut sans contredit le gardien Vladislav Tretiak. Ce jeune cerbère âgé seulement de 20 ans constitua une révélation en raison de son jeu impeccable et de ses arrêts époustouflants. «J'ai vu Tretiak pour la première fois quelques jours avant le début de la série contre le Canada. Son équipe, raconte Denis Brodeur, pratiquait à l'aréna de Saint-Laurent, et j'avais porté un peu plus attention à lui car je m'intéresse toujours aux gardiens de but. Physiquement, il me faisait penser à Terry Sawchuk. Par son style et sa façon de couvrir ses angles, il m'a rapidement conquis.»

S'il avait été facile à cette époque pour les joueurs soviétiques de quitter leur pays pour venir jouer dans la Ligue Nationale, Tretiak aurait sans aucun doute été l'un des premiers à tenter l'aventure. Il n'a jamais caché son intérêt et son admiration pour les Canadiens de Montréal et a déjà confié que l'un de ses rêves avait été de porter l'uniforme du Tricolore. Tretiak était si sérieux qu'au repêchage de 1983, le nouveau directeur-gérant des Canadiens, Serge Savard, fit de Tretiak son 9e choix, le 138e au total. Malheureusement, Tretiak ne put jamais réaliser son rêve et prit sa retraite en 1985, après avoir notamment gagné trois

Par son style, son calme et ses succès, Tretiak fut une grande découverte pour tous les amateurs de hockey d'Amérique du Nord.

Tretiak fut le gardien numéro un en URSS pendant plus de 10 ans.

médailles d'or aux Jeux olympiques, et remporté à 10 reprises le championnat du monde avec son équipe.

En 1989, les dirigeants de la Ligue Nationale lui rendirent un bel hommage en décidant de l'introniser au Temple de la Renommée du Hockey, un honneur qui le toucha beaucoup.

Vladislav Tretiak, sans aucun doute le Soviétique le plus populaire chez nous après 1972, s'est lié d'amitié avec certains joueurs de la Ligue Nationale, notamment Wayne Gretzky qu'il a déjà reçu chez lui. D'une patience exemplaire, le sourire facile, Tretiak aura sans contredit été l'un des meilleurs ambassadeurs de l'URSS au Québec et dans le reste du Canada.

«J'ai pris, ajoute Denis Brodeur, de nombreuses photos de lui en 1972 et, chaque fois que je le voyais, je le saluais et il me répondait. Il était à peu près le seul joueur soviétique à agir ainsi. Avec les années, particulièrement lors de son séjour à Montréal en 1975 et des tournois Coupe Canada, on a commencé à pouvoir discuter un peu, car il avait appris l'anglais. Un jour, je lui ai remis des photos de lui; cela lui a fait plaisir et, de fil en aiguille, il est devenu un bon ami. Après son retrait de la compétition, quand il a annoncé qu'il donnerait des cours au complexe sportif Les 4 Glaces à Brossard, j'ai pensé qu'il serait bon que mon fils Martin, alors gardien de but midget, participe à cette école et je l'ai inscrit. Cela lui a été très bénéfique et, plus tard, à la suite de ses succès dans le hockey junior et après avoir été repêché par les Devils du New Jersey, Martin est devenu entraîneur-adjoint à l'école de Tretiak. Vladislav est un excellent professeur de hockey, et il est d'une patience exemplaire avec les jeunes. C'est incroyable de le voir agir avec eux. Il continue toujours de m'impressionner par sa simplicité désarmante et sa gentillesse. Pour dire la vérité, je suis bien fier d'être devenu l'un de ses amis.»

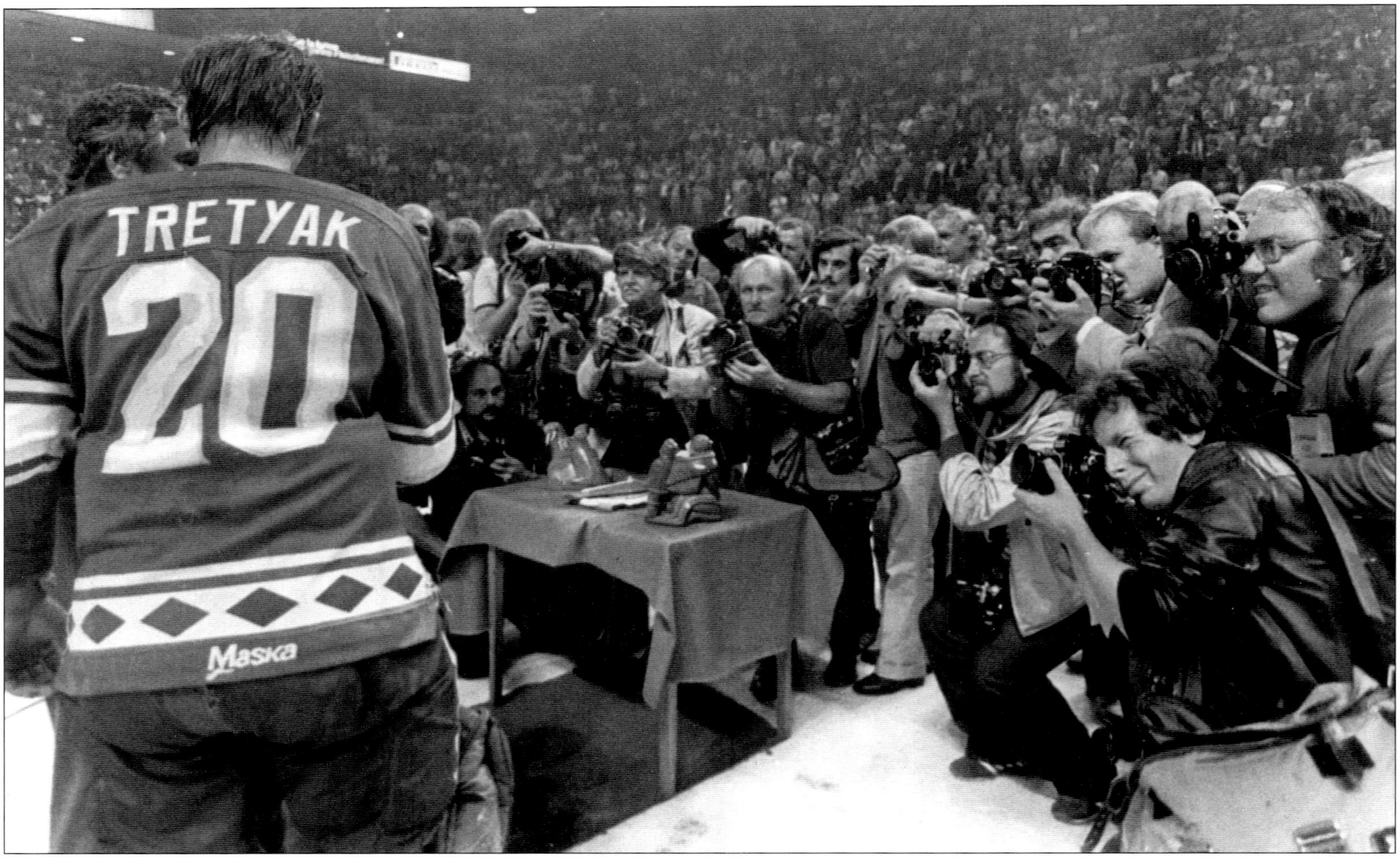

Denis Brodeur affectionne ce cliché de Vladislav Tretiak. Alors que les photographes le mitraillaient de toutes parts, il a eu l'idée d'aller derrière lui pour capter cet instant. La scène se passait en 1981, lors de la victoire de l'URSS en finale du Tournoi de la Coupe Canada.

À son école de gardiens de but, Vladislav Tretiak a toute l'attention de ses jeunes élèves alors qu'il leur enseigne quelques trucs.

Vladislav Tretiak en compagnie du photographe Denis Brodeur.

Tretiak salue les amateurs de hockey de Montréal, qui lui ont toujours réservé un chaleureux accueil. Cette photo fut prise à l'occasion d'une partie entre des joueurs de l'URSS de l'équipe de 1972, et d'anciens joueurs de l'équipe du Canada.

Vladislav Tretiak sur la glace du Forum, serrant la main du capitaine des Canadiens de Montréal, Bob Gainey, lors d'une mise en jeu protocolaire.

Le hockey à saveur internationale

Après la série qui opposa le Canada à l'URSS en 1972, les rencontres internationales sont devenues monnaie courante, notamment avec la mise sur pied du Tournoi de la Coupe Canada, qui eut lieu pour la première fois en 1976. À maintes reprises, des équipes de joueurs-étoiles soviétiques sont venues au Canada pour y affronter nos meilleurs joueurs, ou encore pour se frotter à plusieurs formations de la Ligue Nationale, comme ce fut le cas en 1979. Du même coup, la Ligue Nationale a ouvert toutes grandes ses portes aux joueurs étrangers qui désiraient faire carrière en Amérique du Nord.

Denis Brodeur a suivi avec attention quelques-unes de ces rencontres à saveur internationale présentées en sol canadien et livre ici ses photographies préférées prises à l'occasion de ces parties souvent chargées d'émotion.

Avant le début de la partie, les joueurs des deux équipes échangent des souvenirs au centre de la glace.

Les capitaines des deux équipes, Boris Mikhailov et Yvan Cournoyer, se serrent la main avant le début du match.

Les Canadiens de Montréal font match nul avec les Soviétiques

Le 31 décembre 1975, l'équipe formée des meilleurs joueurs d'URSS était au Forum pour y affronter les Canadiens de Montréal dirigés par Scotty Bowman. Les 18 975 spectateurs qui ont assisté à cette rencontre, ou ceux qui l'ont regardée au petit écran, sont d'accord pour affirmer que ce fut là un des meilleurs matchs présentés sur la glace du Forum. Les Canadiens dominèrent nettement la rencontre, dirigeant 38 lancers en direction de Vladislav Tretiak, qui fut la grande vedette de ce match, alors que Ken Dryden recevait seulement 13 tirs. Steve Shutt, Yvon Lambert et Yvan Cournoyer marquèrent pour le Tricolore, et la partie se termina par un score de 3-3. Plusieurs joueurs des Canadiens disputèrent une forte rencontre, notamment Guy Lapointe et Serge Savard, qui furent sur la patinoire durant environ 35 minutes. Steve Shutt déclara aux journalistes: «Nous les avons surclassés, et le résultat ne signifie absolument rien.» Une rencontre inoubliable.

Ken Dryden repousse le tir d'un attaquant soviétique.

Yvan Cournoyer met à l'épreuve le gardien Tretiak, qui réalisa des prodiges devant son filet.

Lors de la désormais célèbre rencontre opposant son équipe à celle des Canadiens, le 31 décembre 1975 (match nul de 3-3), Tretiak fut la grande étoile des siens. Ici, il stoppe un tir de Doug Risebrough.

Après le match, Pete Mahovlich et Yvan Cournoyer entourent la grande vedette de la soirée, le gardien de but Vladislav Tretiak.

Darryl Sittler donne la victoire au Canada

C'est en 1976 que le premier Tournoi de la Coupe Canada eut lieu, auquel participait six équipes, celles d'URSS, de la Suède, de la Finlande, de la Tchécoslovaquie, des États-Unis et bien sûr du Canada. L'équipe de la Tchécoslovaquie et celle du Canada firent les frais de la finale, une série deux de trois. Le Canada remporta le premier match, et lors du second, la marque était toujours de 4-4 à la fin de la troisième période, forçant les équipes à jouer en prolongation pour proclamer un vainqueur.

C'est Darryl Sittler qui marqua le but gagnant, à 11:33 de la première période supplémentaire, permettant à son équipe de remporter la Coupe Canada. Denis Brodeur a croqué ce moment sur le vif.

À la fin de la partie, dans un geste spontané, plusieurs joueurs échangèrent leur chandail avec celui d'un adversaire, une belle marque de fraternité. Denis Brodeur a pris cette photographie des deux gardiens de but, Vachon et Dzurilla, qui semblaient bien s'amuser, chacun portant le chandail de l'autre.

Darryl Sittler lève les bras au ciel après avoir réussi à déjouer le gardien tchécoslovaque Dzurilla, procurant ainsi la victoire au Canada.

Un but de Bossy élimine les Soviétiques

Lors de la présentation du Tournoi de la Coupe Canada en 1984, l'équipe du Canada affrontait l'équipe de l'URSS en demi-finale, match présenté à Calgary. Le gagnant de cette rencontre passait automatiquement en finale, contre l'équipe de la Suède. Le pointage étant égal à 2-2 après 60 minutes de jeu, la première période de prolongation se mit en branle pour déterminer un gagnant. Mike Bossy, auteur de 51 buts au cours de la saison précédente, marqua le but décisif à 12:29 de la période supplémentaire, sur des passes de Paul Coffey et de John Tonelli. Il s'agissait de son cinquième but du tournoi.

Ça y est, Michael Bossy vient de marquer en prolongation pour permettre au Canada d'éliminer les Soviétiques.

Les joueurs célèbrent après que Michael Bossy eut réussi à déjouer le gardien de l'URSS. On reconnaît Doug Wilson et, sur la glace, John Tonelli, choisi joueur par excellence du tournoi en 1984.

Le gardien de but Vladislav Tretiak et Michael Bossy se félicitent mutuellement, lors de la victoire soviétique en finale du Tournoi de la Coupe Canada, en 1981.

Guy Lafleur et Bobby Hull, jouant au sein de la même équipe, lors du Tournoi de la Coupe Canada présenté en 1976.

Gilbert Perreault manifeste sa joie après avoir réussi à déjouer Vladislav Tretiak, lors de la rencontre remportée par le Canada par le pointage de 3-1, en 1976, éliminant ainsi l'équipe de l'URSS.

On a rarement vu Bobby Hull ainsi vêtu sur la glace. La scène se passait lors d'une séance d'entraînement d'Équipe Canada, en 1976.

Bobby Hull réussit à loger la rondelle derrière le gardien de la Finlande, lors du Tournoi de la Coupe Canada en 1976.

Guy Lafleur, parvenu seul devant le gardien de but finlandais, est stoppé *in extremis*, lors d'une partie opposant le Canada à la Finlande.

Guy Lafleur vient de marquer contre la Tchécoslovaquie, au cours d'une partie disputée en 1976.

Wayne Gretzky lance le disque qui ira se loger derrière le gardien de l'équipe suédoise, lors de l'une des éditions du Tournoi de la Coupe Canada.

Un joueur soviétique prend son envol après avoir réussi à déjouer le gardien de but d'Équipe Canada, lors d'une rencontre disputée au Forum.

Durant un match du Tournoi de la Coupe Canada, Mark Messier applique une solide mise en échec à un défenseur soviétique.

Un joueur de l'URSS est solidement accueilli par les défenseurs du Tricolore, alors qu'il tentait de contourner le filet des Canadiens.

Mario Lemieux menace le filet défendu par le gardien Lindmark de la Suède.

Une photographie bien curieuse… Scotty Bowman, portant le survêtement d'Al MacNeil, prodigue quelques conseils au gardien Rogatien Vachon, en 1976.

Serge Savard, Bobby Orr et Bob Gainey furent coéquipiers en une seule occasion, soit lors du Tournoi de la Coupe Canada de 1976.

Une rare photo d'équipe réunissant les joueurs soviétiques, prise au terme de leur victoire lors du Tournoi de la Coupe Canada, en 1981.

Les joueurs soviétiques, avant le début de chaque partie, ont toujours eu l'habitude de se réunir autour de leur gardien, en conciliabule, question de s'encourager.

Mise en jeu protocolaire au centre de la patinoire du Colisée de Québec, lors de la présentation de Rendez-Vous 87. On reconnaît, derrière les deux capitaines Gretzky et Fetisov, Guy Lafleur et Vladislav Tretiak.

CHAPITRE 8

Sur le vif

Le hockey est un sport rapide, source de scènes fort spectaculaires et de moments parfois cocasses. Pour un photographe «rapide sur le déclencheur» tel Denis Brodeur, ce sport demeure l'un des plus merveilleux pour réaliser des clichés dynamiques, saisir sur le vif des moments parfois magiques.

Dans cette section sont justement présentées les meilleures photos d'action de la collection de Denis Brodeur.

Kirk Muller est prêt à faire dévier une rondelle derrière Kelly Hrudey, même s'il est contré par Larry Robinson.

Un joueur des Canadiens peu menaçant pour ce gardien de but des Sabres…

Devant Frank Pietrangelo des Penguins de Pittsburgh, Chris Nilan fait un bond pour éviter le tir d'un coéquipier.

Yvon Lambert, qui était souvent posté à l'avant du filet, s'apprête à faire un vol plané après être entré en collision avec le gardien des Kings. Lambert a remporté la coupe Stanley à quatre reprises avec les Canadiens.

Henri Richard a toujours fait preuve de courage, ne reculant devant personne, malgré sa petite taille, pour faire gagner son équipe. En fait foi cette photographie montrant Ric Seiling, des Sabres, qui tente de le neutraliser. Henri Richard a joué durant 20 saisons dans la Ligue Nationale de Hockey.

Eric Lindros et Kirk Muller, captés en action par Denis Brodeur, lors d'une mise en jeu.

Réjean Houle, photographié à ses débuts avec les Canadiens, cherchant la rondelle au-dessus de sa tête devant le filet des Penguins.

Bob Gainey, en mauvaise posture dans le filet du gardien des Blues de St. Louis.

Le capitaine des Canadiens Guy Carbonneau tente de nuire au gardien des Stars en attendant de recevoir la rondelle.

André Racicot des Canadiens plonge à sa droite pour tenter d'arrêter le tir dirigé par le joueur Derek King des Islanders.

Patrick Roy surveille du coin de l'œil un joueur adverse. Le gardien, originaire de Québec, a fait vivre de biens beaux moments aux partisans des Canadiens depuis son arrivée en 1986.

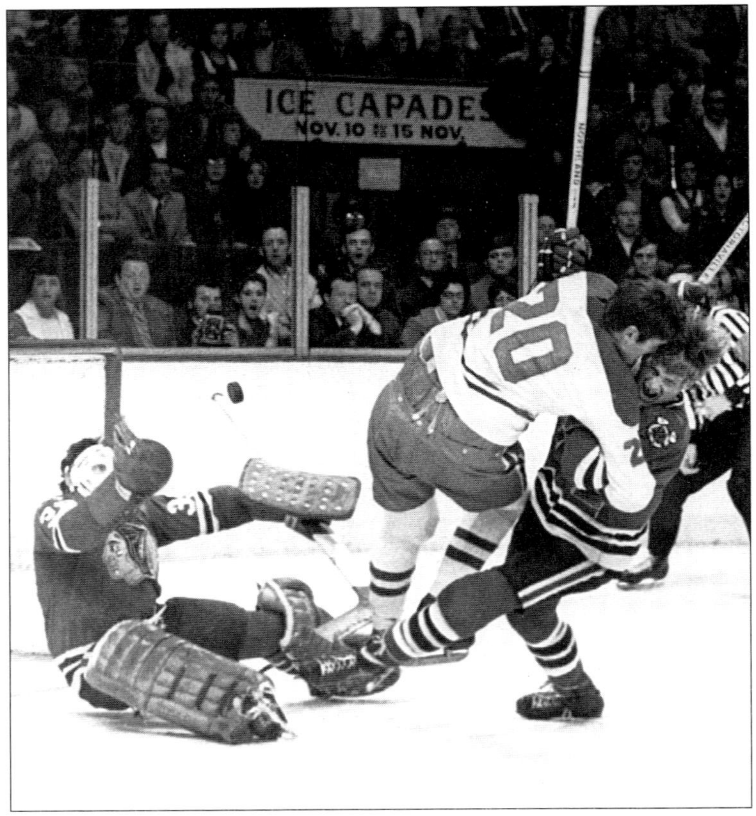

«J'ai souvent photographié Guy Lafleur alors qu'il évoluait avec les Remparts de Québec. Ceux qui suivaient le hockey junior savaient que Lafleur deviendrait une grande étoile dans la Ligue Nationale tellement il dominait le jeu.» — Denis Brodeur

Pendant que Pete Mahovlich et Keith Magnuson font quelques pas de valse, le gardien Tony Esposito tente de capter la rondelle.

Denis Brodeur n'a malheureusement pas eu l'occasion de photographier Maurice Richard quand il portait les couleurs des Canadiens, mais il a pu le faire lorsque celui-ci a joué au sein des *Old Timers*. On le voit ici, comptant un but contre le gardien des Bruins.

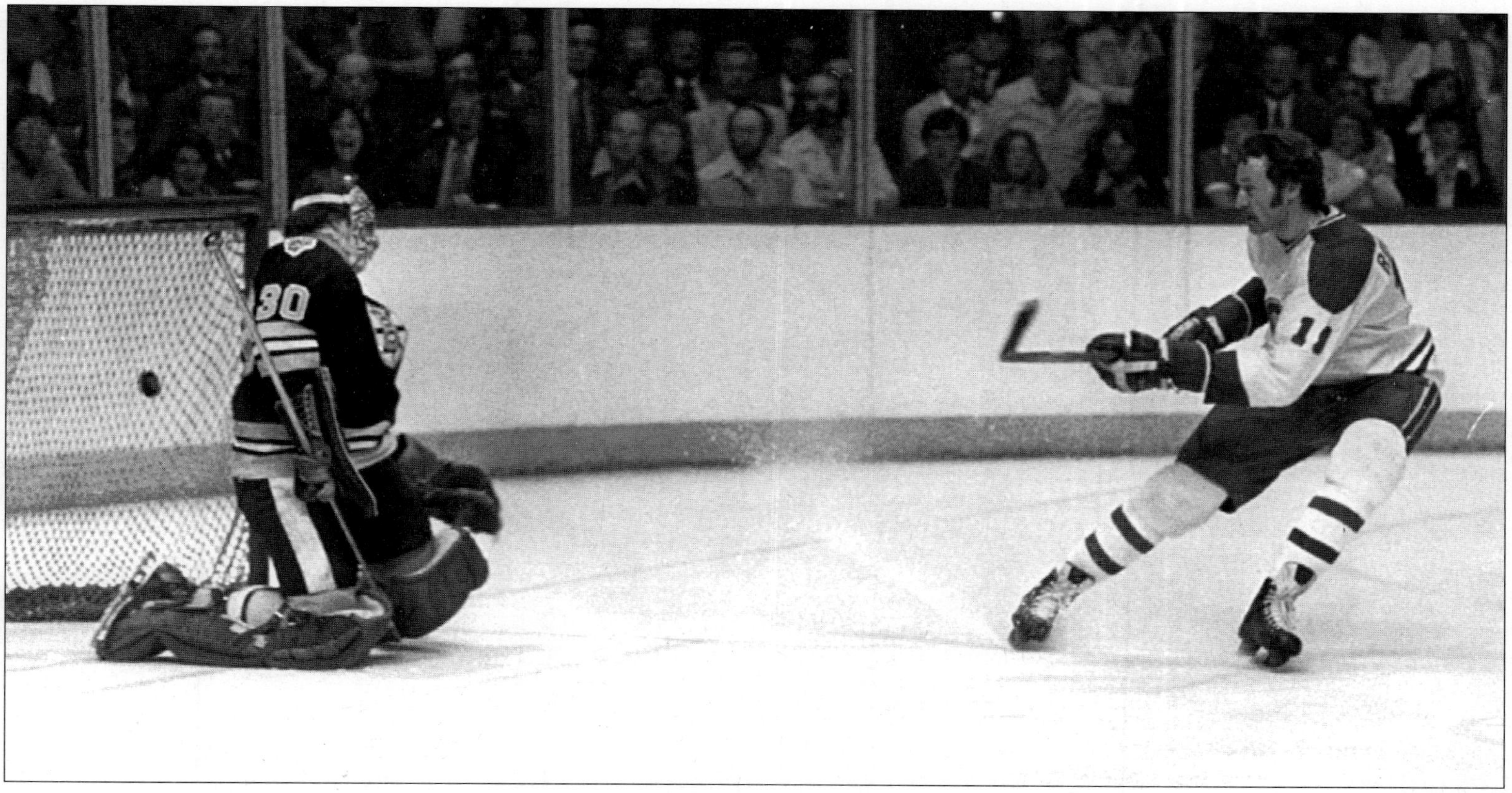

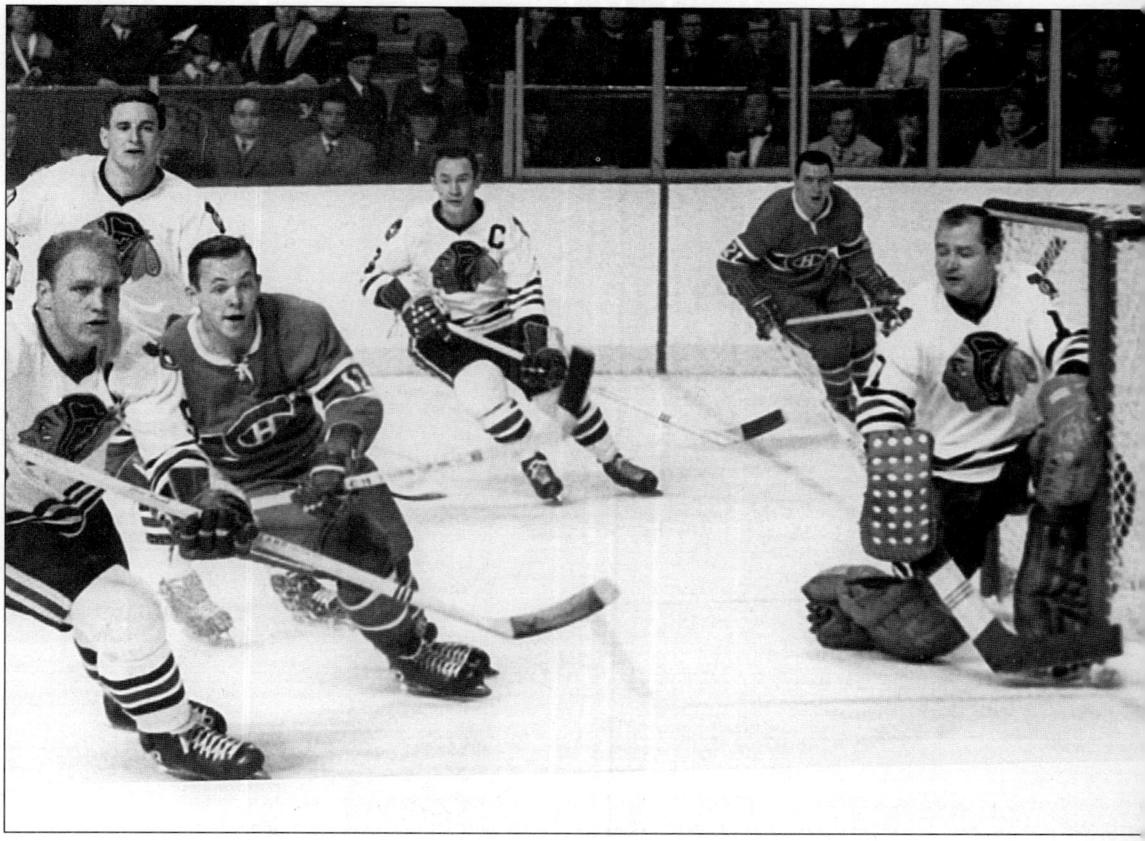

Au cours de cette séquence, Larry Robinson, parvenu seul devant le gardien des Bruins, Gerry Cheevers, réussit à le déjouer.

Glenn Hall repousse un tir d'Yvan Cournoyer sous les regards de Bobby Hull, Doug Jarrett, Pierre Pilote et Gilles Tremblay. Glenn Hall était âgé de 37 ans lorsqu'il remporta, conjointement avec Jacques Plante, le trophée Vézina pour la troisième fois de sa carrière. C'était avec les Blues de St. Louis en 1969. Hall a conservé en 18 saisons une excellente moyenne de buts alloués de 2,51.

Page suivante: Mats Naslund saute pour éviter la rondelle lancée par le défenseur Petr Svoboda. Le gardien Greg Millen et le défenseur Michel Petit n'y peuvent rien.

Le gardien des Hawks tente de se relever après que Guy Lafleur, mis en échec, eut chuté sur lui.

Guy Lafleur, la terreur des gardiens de but dans les années soixante-dix, déjoue celui des Red Wings pour marquer un but. Lafleur a pris sa retraite le 26 novembre 1984, mais a effectué un retour en octobre 1988 avec les Rangers de New York. Il joua ensuite durant deux saisons avec les Nordiques avant de se retirer définitivement à la fin de la saison 1990-1991. Son total de buts en saison régulière s'élève à 560.

«Wayne Gretzky a marqué le monde du hockey des années quatre-vingt avec les Oilers d'Edmonton. Dans ses belles années, il nous tenait constamment en haleine lorsqu'il était en possession de la rondelle. Il a prouvé dès ses débuts qu'il était surdoué. Ses succès ne lui sont jamais montés à la tête; il a d'ailleurs toujours été un homme charmant et disponible pour ses admirateurs.» — Denis Brodeur

Une collision entre deux grands qui ont porté l'uniforme des Canadiens: Henri Richard et Frank Mahovlich. Ce dernier fut acquis des Red Wings par le Tricolore le 13 janvier 1971 en retour de Mickey Redmond, Guy Charron et Bill Collins. Mahovlich a compté 129 buts durant ses trois saisons et demie avec les Canadiens.

Le petit Mats Naslund est bousculé par un défenseur des Bruins.

Chris Nilan tente tant bien que mal de se frayer un chemin jusqu'au filet des Sabres de Buffalo.

Pas toujours facile d'être joueur de hockey, surtout pour les muscles du visage! Des expressions qui en disent long de la part d'Yvan Cournoyer, Juha Widing des Kings et Chuck Lefley.

Page suivante: Sous les yeux du défenseur Craig Ludwig, Mike Keane effectue le saut du kangourou devant le gardien des Islanders.

40
NY
aire
VAUGHN
EASTON

12
26
17
LUDWIG
CANADIEN

Patrick Roy fait un arrêt devant Steve Yzerman des Red Wings de Detroit. Compte tenu des statistiques de la saison 1992-1993, ce joueur de centre a franchi le cap des 100 points lors des six dernières saisons.

Patrick Roy tente de saisir la rondelle contrôlée par Mats Sundin des Nordiques.

Bob Gainey parvient à déjouer le gardien des Kings de Los Angeles.

Le jeune gardien Stéphane Fiset, des Nordiques, effectue un bel arrêt avec son bâton devant Kirk Muller des Canadiens.

Ken Dryden tente de récupérer la rondelle avant qu'un joueur adverse ne s'en empare.

Yvan Cournoyer cerné par trois joueurs des Bruins de Boston: Dallas Smith, Bobby Orr et Derek Sanderson.

Est-ce la valse à mille temps pour Fred Stanfield des Bruins et le gardien Ken Dryden?

Ken Dryden stoppe une attaque de Dave Keon des Maple Leafs de Toronto.

Ken Dryden parvient miraculeusement à arrêter la rondelle avec son bâton.

Page suivante: Dave Poulin, des Bruins de Boston, effectue un bond entre Patrick Roy et Kevin Haller des Canadiens tout en essayant de faire dévier un tir d'un coéquipier.

Desjard
33

Freins • Silencieux •

KOHO
CCM

Page de gauche: Larry Robinson manifeste son désarroi, car il vient de se faire «voler» un but par Tom Barrasso des Sabres de Buffalo. Robinson fut l'un des grands défenseurs de l'histoire des Canadiens. Il a remporté le trophée James-Norris à deux occasions et a reçu le Conn-Smythe en 1978.

En mortaise: Malgré sa chute, Réjean Houle parvient à lancer en direction du filet des Red Wings. Houle a joué quelque 11 ans avec les Canadiens et trois années avec les Nordiques alors qu'ils étaient dans l'AMH.

Calmement, le gardien Patrick Roy attend que le joueur des Flames de Calgary se relève pour reprendre son poste devant le filet.

Doug Wilson, défenseur des Black Hawks de Chicago, tente d'empêcher Mike Keane des Canadiens de prendre possession de la rondelle.

Le défenseur Petr Svoboda, effectuant une charge au filet lors d'un match contre les Nordiques de Québec.

Une façon peu orthodoxe, pour Jean Ratelle, de saisir la rondelle. Ratelle, dont le style fut souvent comparé à celui de Jean Béliveau, a joué durant 21 saisons dans la LNH, d'abord avec les Rangers, puis avec les Bruins.

Des joueurs des Nordiques et des Canadiens plutôt en mauvaise posture! On reconnaît André Savard, Mario Tremblay, John Van Boxmeer, Pierre Mondou et Daniel Bouchard.

Le gardien Grant Fuhr effectue un bel arrêt contre Mike McPhee des Canadiens.

Serge Savard et Frank Mahovlich entrent en collision près du filet des Sabres de Buffalo. Le numéro 27 a joué durant 18 saisons dans la LNH et a vu son nom gravé six fois sur la coupe Stanley, dont deux avec les Canadiens de Montréal.

Bob Gainey est mis en échec et réduit au silence par le défenseur des Maple Leafs de Toronto. L'ancien capitaine des Canadiens a joué durant 16 saisons avec Montréal, a participé à cinq conquêtes de la coupe Stanley, a remporté le trophée Frank-J.-Selke à quatre occasions, et a reçu en 1979 le trophée Conn-Smythe. Il a été intronisé au Temple de la Renommée du Hockey en septembre 1992.

Belle culbute de Steve Shutt! Le numéro 22 des Canadiens a déjà réussi 60 buts en une saison, un record qu'il détient encore pour un ailier gauche du Tricolore.

Page suivante: Mats Naslund tente de se frayer un chemin à travers les joueurs des Sabres.

CANADIEN

HAJT

Mario Tremblay, dans une charge typique au filet, parvient à marquer contre les Red Wings.

Une mêlée devant le filet des Flyers de Philadelphie. Ron Hextall en profite pour «saluer avec la main» son ami Bobby Smith...

Bobby Clarke, que les journalistes de l'époque appelaient «la petite peste des Flyers», est surveillé étroitement par Pierre Bouchard devant le filet de Michel Larocque.

Patrick Roy arrête de la jambière un tir du jeune joueur de centre des Canucks, Petr Nedved.

Brian Skrudland, qui a remporté la coupe Stanley avec les Canadiens en 1986, s'efforce de bloquer la vue au gardien des Bruins.

Le fougueux ailier Mike Keane des Canadiens a donné bien du mal au gardien Andy Moog des Bruins sur cette séquence.

Chris Nilan lève les bras au ciel après avoir réussi à déjouer le gardien Réjean Lemelin des Bruins.

Mike Bossy est mis en échec par Bob Gainey des Canadiens. Bossy a joué durant 10 saisons avec les Islanders, marquant 573 buts en saison régulière.

Mario Tremblay s'est envolé à quelques centimètres de la surface glacée afin de mettre en échec un joueur des Nordiques. Mario, originaire d'Alma au Lac-Saint-Jean, a débuté avec les Canadiens au cours de la saison 1974-1975. Aux côtés de Doug Risebrough et d'Yvon Lambert, il forma l'un des trios les plus explosifs du Tricolore dans les années soixante-dix. Mario a pris sa retraite en 1986 après avoir joué 12 saisons avec Montréal et participé à l'obtention de cinq coupes Stanley.

Guy Lafleur aux prises avec le défenseur Reed Larson des Red Wings pour le contrôle de la rondelle.

Alors que Steve Penney porte son attention à sa droite, le défenseur Larry Robinson, mine de rien, fait culbuter un joueur des Nordiques. Le numéro 19 des Canadiens a connu une brillante carrière à Montréal durant 16 ans avant de signer un contrat avec les Kings de Los Angeles en 1989. Robinson a remporté la coupe Stanley à six reprises, le trophée James-Norris à deux occasions et le Conn-Smythe en 1978. En janvier 1985, dans le cadre des festivités soulignant le 75e anniversaire du Tricolore, Robinson fut élu au sein de l'équipe de rêve de tous les temps des Canadiens. Celle-ci comprenait le gardien Jacques Plante, le défenseur Doug Harvey, les attaquants Jean Béliveau, Maurice Richard et Dickie Moore. Toe Blake fut choisi entraîneur de cette équipe d'étoiles.

Guy Lafleur «embrasse» la bande après avoir été mis en échec par Mathieu Schneider des Canadiens. Après 17 saisons passées dans la Ligue Nationale, Lafleur a accroché ses patins au printemps de 1991, avec cinq bagues de la coupe Stanley en poche.

Page suivante: Qui sera le premier à saisir la rondelle: Guy Carbonneau ou Daniel Berthiaume des Kings?

KINGS
CCM
21

36

Brent Gilchrist tente de frapper la rondelle au vol avec son bâton.

Le défenseur Guy Lapointe essaie de ralentir l'attaquant Pierre Plante des Black Hawks de Chicago.

Pierre Mondou au cœur de l'action contre les Kings de Los Angeles. L'ancien numéro 6 des Canadiens dut mettre un terme à sa carrière après neuf saisons chez les professionnels à la suite d'une blessure à l'œil.

Mario Tremblay en fâcheuse position pour prendre possession de la rondelle devant le filet des Sabres.

Page de droite: Luc Robitaille et Lyle Odelein se surveillent étroitement devant le filet du gardien Patrick Roy. Robitaille a connu la meilleure saison de sa carrière en 1992-1993, sa septième dans la Ligue Nationale, marquant 63 buts et récoltant 62 passes.

KINGS
20
KINGS
Supra
CCM

Deux grands joueurs de l'histoire de la Ligue Nationale: Stan Mikita et Yvan Cournoyer. Mikita a brillé durant 22 saisons avec les Black Hawks de Chicago. Il a remporté la coupe Stanley une seule fois, marqué 541 buts en saison régulière et remporté le championnat des compteurs à quatre reprises.

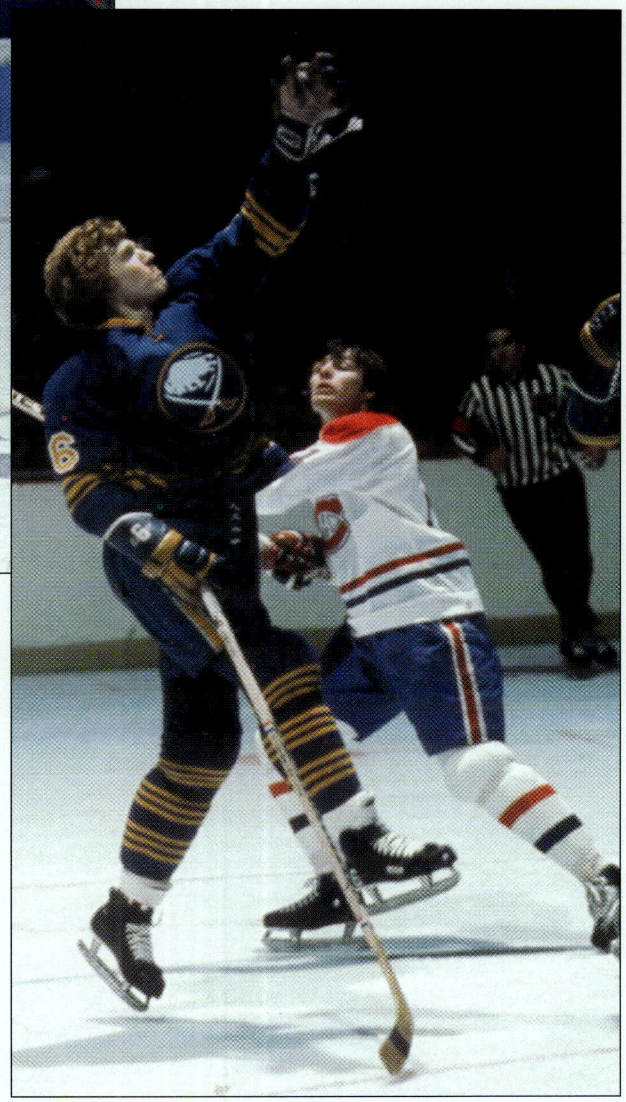

Le défenseur Petr Svoboda, qui a joué durant sept saisons complètes avec les Canadiens avant d'être échangé aux Sabres de Buffalo, est mis en échec par l'ailier gauche Dave Tippett des Whalers de Hartford.

Le défenseur Jim Schoenfeld essaie de capter la rondelle au vol devant Marc Tardif.

Page suivante: Sous les yeux de Lucien Deblois, Bob Gainey parvient à déjouer le gardien des Red Wings de Detroit, Corrado Micalef. Bob Gainey a été l'un des meilleurs joueurs à caractère défensif à avoir joué pour les Canadiens de Montréal. Il a remporté à quatre reprises le trophée Frank-J.-Selke, décerné au meilleur joueur défensif de la ligue, au cours de ses 16 ans passés avec le Tricolore.

LOUISVILLE
Cooper

DeBLOIS
27
CCM

NORTHLAND
SHER-WOOD
NORTHLAND
VICTORIAVILLE

Page de gauche (en haut): Bernard Parent faisant face à un tir à bout portant de Guy Lafleur lors de la partie des étoiles de 1975 au Forum. Parent, qui a joué successivement pour Boston, Toronto et Philadelphie, a remporté en 1974 et en 1975 les trophées Conn-Smythe et Vézina ainsi que la coupe Stanley avec les Flyers.

Page de gauche (en bas): Le gardien de but Tony Esposito, l'ancien numéro 35 des Black Hawks de Chicago, est aux aguets et surveille attentivement la rondelle, même si la circulation est dense devant lui.

Yvon Lambert a marqué 206 buts en 10 saisons dans la Ligue Nationale. Lorsqu'il lui arrivait de se présenter seul devant un gardien, toutes les techniques étaient bonnes pour tenter de le déjouer…

Jacques Lemaire a cumulé une fiche de 835 points en 853 parties régulières dans la Ligue Nationale au cours de ses 12 ans avec les Canadiens. C'était un joueur de centre qui possédait un lancer frappé redoutable. Lemaire tente ici, même s'il est étendu sur la patinoire, de déjouer le gardien des Canucks de Vancouver.

Stéphane Richer s'apprête à célébrer après avoir marqué un but contre le gardien Robert Sauvé des Black Hawks de Chicago. Le numéro 44 a joué régulièrement durant six saisons avec le Tricolore et est devenu, lors de la saison 1987-1988, le premier joueur à marquer 50 buts avec les Canadiens depuis la saison 1979-1980. Guy Lafleur et Pierre Larouche avaient alors enregistré 50 buts chacun.

Le défenseur Terry Harper proteste avec véhémence auprès de l'arbitre quand ce dernier lui ordonne d'aller au banc des punitions. Le gardien Ernie Wakely est attentif à la scène.

Shayne Corson, des Canadiens, met en échec Chris Nilan et l'empêche du même coup de contrôler la rondelle devant le gardien Brian Hayward. Nilan a joué huit saisons avec Montréal avant d'être échangé aux Rangers le 27 janvier 1988. Il détient le record du Tricolore pour le nombre de minutes de punition, soit 2248; mais sa plus grande fierté est sûrement d'avoir réussi à remporter la coupe Stanley avec l'équipe en 1986.

Page suivante: Pierre Mondou fait preuve d'une agilité étonnante devant le filet des Rangers en tentant d'éviter un tir de l'un de ses coéquipiers.

«On a beaucoup parlé d'Alexandre Daigle depuis un an et on en parlera longtemps... Cet athlète très talentueux deviendra sûrement l'une des grandes vedettes de la ligue. Ce n'est pas par hasard que, la saison dernière, il était considéré comme le meilleur espoir chez les joueurs juniors.» — Denis Brodeur

«Patrice Brisebois deviendra sûrement un défenseur vedette dans la Ligue Nationale; il a fait des progrès remarquables au cours de la saison 1992-1993. Sur ce jeu, il met solidement en échec un joueur des Sabres de Buffalo.» — Denis Brodeur

Brent Gilchrist est bousculé par un défenseur des Whalers, alors qu'il tentait de contourner le filet avec la rondelle. Gilchrist a été échangé aux Oilers d'Edmonton au cours de l'été de 1992.

Claude Larose, qui a porté avec fierté l'uniforme des Canadiens durant plusieurs saisons, est contré devant le filet des Sabres de Buffalo.

L'arbitre Paul Stewart ne s'en laisse pas imposer par le capitaine des Canadiens, Guy Carbonneau, venu lui demander des explications à la suite d'une décision.

Le gardien Glenn Healy des Islanders de New York reçoit l'aide d'un juge de ligne pour attacher son patin.

Bob Murray des Black Hawks de Chicago aura beau protester: l'arbitre Ron Fournier vient de le chasser pour deux minutes et ne s'en laissera pas imposer.

Stéphane Richer tente de se faufiler sur le bord de la bande pour aller récupérer la rondelle, malgré les efforts du défenseur des Whalers.

CHAPITRE 9

Moments inoubliables

«Ce chapitre me tient beaucoup à cœur. J'ai voulu y inclure plusieurs photographies de moments importants, ainsi que des clichés qui me sont chers. Vous y trouverez des personnes que vous connaissez bien et des scènes qui vous rappelleront sans doute de bons souvenirs. Ces photos anciennes et récentes ont un point en commun: elles occupent une place privilégiée dans mes souvenirs.» — Denis Brodeur

Trois grands joueurs des Canadiens de Montréal, Jean Béliveau, Maurice Richard et Guy Lafleur, exhibent fièrement la coupe Stanley au centre de la patinoire du Forum, lors des festivités entourant la présentation du match des étoiles à Montréal, en février 1993. À eux trois, ces ex-joueurs des Canadiens totalisent 23 conquêtes de la coupe Stanley en carrière.

FORUM
27 DETROIT
NADIENS 8PM
NO PARKING ANY TIME

Le vieux Forum, le théâtre de plusieurs exploits

«C'est à l'ancien Forum, qui fut remplacé en 1971 par l'édifice actuel, que, tout jeune, j'ai assisté en compagnie de mon père à mes premières parties de hockey. C'est là, plus tard, que j'ai pris mes premières photographies; j'ai même eu l'occasion d'y jouer avec des anciens joueurs de la Ligue Nationale qui ont eu la gentillesse de m'inviter à me joindre à eux. Ce Forum fut le théâtre de plusieurs exploits depuis son ouverture en novembre 1924; cela m'a fait un pincement au cœur lorsque j'y ai effectué mon dernier reportage.» — Denis Brodeur

Les Soviétiques en sol québécois

«Ce n'est pas d'hier que des formations soviétiques viennent au Canada "se frotter" à des équipes d'ici. J'ai réalisé cette photographie en 1962 à l'aréna Maurice-Richard alors qu'une formation étoile de l'URSS affrontait le club Montréal Olympique. Claude Saint-Vincent, capitaine de son équipe, exhibe une banderole-souvenir offerte au capitaine de l'équipe de l'URSS.» — Denis Brodeur

Des hommes et des athlètes exceptionnels

«J'ai eu l'occasion de photographier le regretté Gilles Villeneuve et Guy Lafleur dans le vestiaire des Canadiens après une partie du Tricolore. Gilles était l'hôte de Guy ce soir-là, qui lui "retournait la politesse", car Guy avait été invité par Gilles à effectuer plusieurs tours de piste au Mont-Tremblant quelques semaines auparavant. Je dois avouer que j'ai toujours conservé une place de choix à cette photographie montrant deux hommes qui m'ont procuré de vives émotions.» — Denis Brodeur

Les Canadiens en retraite dans les Laurentides

«Durant plusieurs années, au début des séries éliminatoires, la direction du Canadien avait l'habitude d'emmener les joueurs en "retraite fermée", dans un hôtel des Laurentides. On s'amusait souvent à bord de l'autobus, et j'ai souvent eu l'occasion de photographier les joueurs avant qu'ils partent pour aller se concentrer en pleine nature sur les parties à venir. L'idée devait être bonne, puisque les Canadiens ont remporté la coupe Stanley six fois dans les années soixante-dix.» — Denis Brodeur

Guy Lafleur s'improvise chauffeur d'autobus... avant le départ!

Des joueurs détendus à la veille des séries éliminatoires de 1975: Glen Sather, Guy Lapointe et Frank Mahovlich.

Pas facile le métier d'entraîneur…

«Les entraîneurs des équipes sont souvent aussi spectaculaires derrière le banc que certains de leurs joueurs sur la glace! Je pense notamment à Michel Bergeron et à Don Cherry, qui ont souvent offert un "spectacle" aux amateurs. Du "bonbon" pour les photographes.» — Denis Brodeur

---

Michel Bergeron alors qu'il était entraîneur des Nordiques de Québec, dans les années quatre-vingt. Lorsque le *Tigre* s'emportait, c'était quelque chose à voir!

Jean Perron, à sa seule année à la barre des Canadiens, remporta la coupe Stanley en 1986.

L'entraîneur des Canadiens Jean Perron et Peter Stastny des Nordiques se félicitent mutuellement, à la suite de la victoire des Canadiens contre les Nordiques en sept rencontres, lors de la finale de la division Adams en 1987.

Don Cherry répond à la foule, qui le nargue après que son équipe eut écopé d'une punition parce qu'il y avait un joueur des Bruins en trop sur la glace.

«Maurice Richard fut le premier entraîneur des Nordiques de Québec lorsque l'équipe fit ses débuts dans l'AMH en 1972. Je m'étais rendu à Québec pour le photographier, lors de sa première partie au Colisée. Maurice avait d'abord eu son "baptême" comme entraîneur lors d'une partie disputée à l'extérieur de Québec. Il abandonna son poste le 14 octobre 1972 après seulement deux rencontres derrière le banc.» — Denis Brodeur

Pat Burns a toujours été très démonstratif derrière le banc du Tricolore. Il lui arrivait souvent de s'avancer très près de la patinoire afin de pouvoir se faire entendre de l'arbitre. Il n'avait pas la «langue dans sa poche».

Claude Ruel fut entraîneur des Canadiens à différentes occasions, soit en 1968, alors qu'il a mené l'équipe à la conquête de la coupe Stanley. Il céda ensuite sa place à Al MacNeil en décembre 1970, mais reprit le poste en décembre 1979, succédant à Bernard Geoffrion, jusqu'au terme de la saison 1980-1981. «Claude Ruel a toujours pris son rôle d'entraîneur très à cœur, et il a joué un rôle prépondérant dans le développement de plusieurs jeunes joueurs des Canadiens.»

— Denis Brodeur

«Jacques Demers, l'entraîneur des Canadiens depuis septembre 1992, a réalisé tout un exploit en remportant la coupe Stanley à sa première saison derrière le banc de l'équipe. J'aime beaucoup cet homme-là en raison de sa franchise et de son positivisme. Il a rapidement mérité le respect de tous ses joueurs», raconte Denis Brodeur. On reconnaît aux côtés de Jacques Demers les joueurs John LeClair, Guy Carbonneau et Benoit Brunet, ainsi que le soigneur Gaétan Lefebvre.

«Une photo de 1984 que j'aime beaucoup. Jacques Lemaire était alors l'entraîneur des Canadiens. On reconnaît devant lui trois joueurs qui ont marqué l'histoire du club: Chris Nilan, Guy Lafleur et Guy Carbonneau. On aperçoit aussi le président de l'équipe, Ronald Corey.» — Denis Brodeur

Les Nordiques éliminent les Canadiens

«En 1982, pour la première fois de leur histoire, les Nordiques de Québec parvenaient à éliminer les Canadiens lors de la demi-finale de la division Adams. C'est un but de Dale Hunter, marqué en prolongation lors du cinquième match, qui permit aux Nordiques de vaincre le Tricolore. Je m'étais rendu dans le vestiaire des Nordiques après la victoire de l'équipe de Michel Bergeron. Les joueurs étaient beaux à voir, ils étaient manifestement heureux. On aurait pu croire qu'ils venaient de remporter la coupe Stanley.» — Denis Brodeur

Daniel Bouchard, très solide devant le filet des Nordiques, savourait intensément ce moment de gloire.

Les Nordiques victorieux… c'est la joie chez les jeunes joueurs de l'entraîneur Michel Bergeron.

Charles Thiffault, Marcel Aubut et Michel Bergeron, des hommes heureux à l'issue de cette victoire.

Le héros de cette partie, Dale Hunter, en compagnie de Jacques Richard et de Marc Tardif.

Claude Lemieux tranche!

«En 1986, l'année où les Canadiens ont remporté la coupe Stanley pour la seule fois dans les années quatre-vingt, Montréal fit d'abord face aux Whalers de Hartford. Cette équipe s'avéra très coriace lors de la finale de division, au point qu'un septième et décisif match dut être disputé au Forum pour déterminer le gagnant. C'est Claude Lemieux, à 5:55 de la période de prolongation, qui trancha en déjouant le gardien Mike Liut. Les Canadiens allaient ensuite éliminer successivement les Rangers de New York et les Flames pour remporter la coupe Stanley. J'étais bien posté pour photographier ce but important de Claude Lemieux.» — Denis Brodeur

Claude Lemieux vient d'effectuer un lancer du revers et la rondelle passe par-dessus l'épaule du gardien Mike Liut pour se diriger dans le filet.

Page suivante (en haut): Mike McPhee se précipite en direction de Claude Lemieux, qui, après avoir marqué, est mis en échec par un joueur des Whalers.

Page suivante (en bas): C'est la fête sur la patinoire du Forum: les Canadiens viennent d'éliminer les Whalers de Hartford lors de la période de prolongation de la septième partie.

15
LOUISVILLE

35
17

«En 1982, à la fin d'un exercice au Forum de Montréal, j'avais réuni Jean Béliveau, Guy Lafleur et Maurice Richard sur la patinoire pour réaliser cette photographie. Depuis trente ans, j'ai eu l'occasion et le plaisir de côtoyer fréquemment ces trois hommes qui, lorsqu'ils jouaient, m'ont procuré de vives sensations.» — Denis Brodeur

GUY LAFLEUR, UN JOUEUR ÉLECTRISANT

«Je connais Guy Lafleur depuis longtemps et j'ai toujours suivi avec beaucoup d'intérêt sa carrière. Comme pour tous les amateurs de hockey, il m'a fait vivre de grandes émotions: Guy était un joueur électrisant qui pouvait, en quelques minutes, transformer une défaite certaine en une victoire. J'ai fait cette photographie sur la glace du Forum, avant un exercice des Canadiens, avec Guy, pour signifier qu'à l'époque, il marquait des buts… à la pelletée!» — Denis Brodeur

Mon fils Martin est repêché par les Devils du New Jersey

«En 1990, je me trouvais à Vancouver à l'occasion du repêchage de la Ligue Nationale. J'ai vécu de beaux moments lorsque mon fils Martin a été sélectionné au vingtième rang de la première ronde par les Devils du New Jersey, qui en ont fait leur tout premier choix. Martin et moi savions qu'il avait des chances d'être réclamé au cours des trois premières rondes, mais ce fut une belle surprise qu'il soit choisi aussi rapidement. À mon avis, Martin possède tous les atouts pour devenir un excellent gardien chez les professionnels.» — Denis Brodeur

À la bonne école avec Tretiak

«J'ai eu l'occasion, en 1992, de photographier Vladislav Tretiak avec Martin, alors que ce dernier était entraîneur adjoint à l'école de gardiens de but de Tretiak aux 4 Glaces. Martin a été l'élève de Tretiak lorsque le gardien soviétique a tenu sa première école de hockey au Québec. Ses précieux conseils ont permis à Martin de devenir un meilleur gardien.»

— Denis Brodeur

Un beau souvenir de Bobby Orr

«J'ai rencontré Bobby Orr à plusieurs reprises; je me souviens entre autres de cette journée passée en sa compagnie à prendre des photos publicitaires. À la fin de la session, j'ai voulu conserver un souvenir de cette journée et Bobby a accepté bien gentiment de poser en ma compagnie. C'est une photographie que j'aime beaucoup parce que Bobby a été l'un de mes joueurs préférés.» — Denis Brodeur

DEUX LÉGENDES VIVANTES

«Gordie Howe et Bobby Hull sont deux joueurs que j'ai souvent photographiés lorsqu'ils jouaient ou qu'ils venaient à Montréal par affaires. Au fil des ans, j'ai apprécié ces deux hommes absolument charmants qui sont devenus des amis. Pour moi, c'était un *must* de me faire photographier un jour en leur compagnie. Ce cliché a été pris au complexe sportif Les 4 Glaces de Brossard, alors que Bobby et Gordie, et d'autres anciens joueurs, affrontaient une équipe formée d'amateurs de hockey qui avaient payé pour avoir le plaisir de s'amuser avec leurs idoles.» — Denis Brodeur

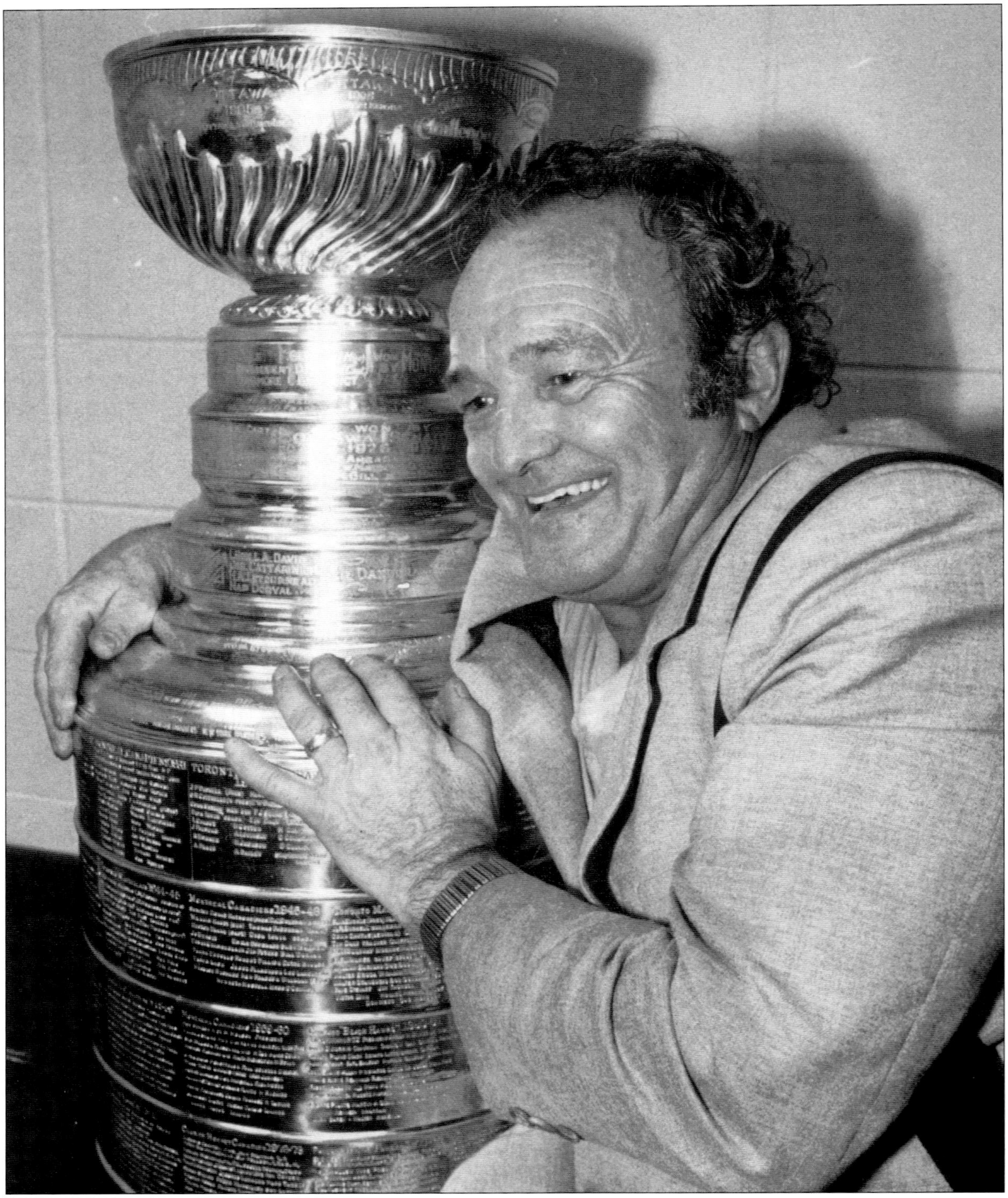

LE RÊVE DE TOUT JOUEUR DE HOCKEY

«J'ai eu l'occasion, au cours de mes 30 ans de métier, d'assister à plusieurs conquêtes de la coupe Stanley. Le rêve de tout joueur de hockey, de poser avec la coupe, de la prendre dans ses bras, eh bien! "je me le suis payé" dans les années soixante-dix, uniquement pour me faire plaisir. Qui sait, mon fils Martin réalisera peut-être ce rêve un jour…?» — Denis Brodeur

GRETZKY CAPITAINE DES SOVIÉTIQUES!

«Lors de l'événement Rendez-Vous 1987 à Québec, après l'affrontement entre les Soviétiques et l'équipe du Canada, dans un geste d'amitié, Wayne Gretzky a troqué son chandail pour celui du capitaine de l'équipe adverse, Viacheslav Fetisov. J'étais sur place pour ajouter cette photographie unique à ma collection.» — Denis Brodeur

De belles retrouvailles

«Durant les festivités organisées à l'occasion de la tenue de la partie des étoiles à Montréal en 1993, trois ex-coéquipiers des Canadiens qui ont vécu de belles choses ensemble se sont retrouvés, et j'en ai profité pour immortaliser ce moment. On reconnaît Larry Robinson, Guy Lafleur et Bob Gainey.» — Denis Brodeur

«Chris Nilan et John Ferguson, deux ex-durs des Canadiens de Montréal, réunis au sein de la même équipe, toujours en février 1993. Sur la glace, ces deux joueurs ne s'en laissaient pas imposer et en dehors de la patinoire, ils étaient d'une extrême gentillesse.»
— Denis Brodeur

UNE PHOTOGRAPHIE UNIQUE

«Lors du camp d'entraînement de Coupe Canada qui s'est tenu au début des année quatre-vingt au Forum de Montréal, j'avais réussi à réunir, le temps de faire cette photographie, Guy Lafleur, Mike Bossy et Wayne Gretzky, trois joueurs qui ont marqué l'histoire de la Ligue Nationale par leurs exploits. Ce cliché a toujours été très en demande, particulièrement au cours de la dernière décennie.» — Denis Brodeur

UNE ÉQUIPE DE RÊVE

En 1985, on dévoila au Forum l'équipe de rêve des Canadiens, la formation toute étoile, une équipe composée de joueurs qui ont tous connu de grandes carrières dans la Ligue Nationale. De gauche à droite, on reconnaît Jacques Plante, Larry Robinson, l'entraîneur Toe Blake, Jean Béliveau, Dickie Moore, Aurèle Joliat, Doug Harvey et Maurice Richard. Bob Gainey, alors capitaine du Tricolore, avait tenu à se faire photographier avec ces grands joueurs.

La relève est assurée

«Chez les Brodeur, on est passionné de photographie et je pourrai dormir en paix la journée où je prendrai ma retraite, car la relève est assurée! Mes fils Claude et Denis exercent le métier de photographe depuis déjà plusieurs années, et ils feront sûrement carrière longtemps parce qu'ils sont très talentueux. Nous avons posé ensemble lors d'une exposition de mes photographies aux 4 Glaces de Brossard.» — Denis Brodeur

INDEX

I

J

K

L

M

N

O

P

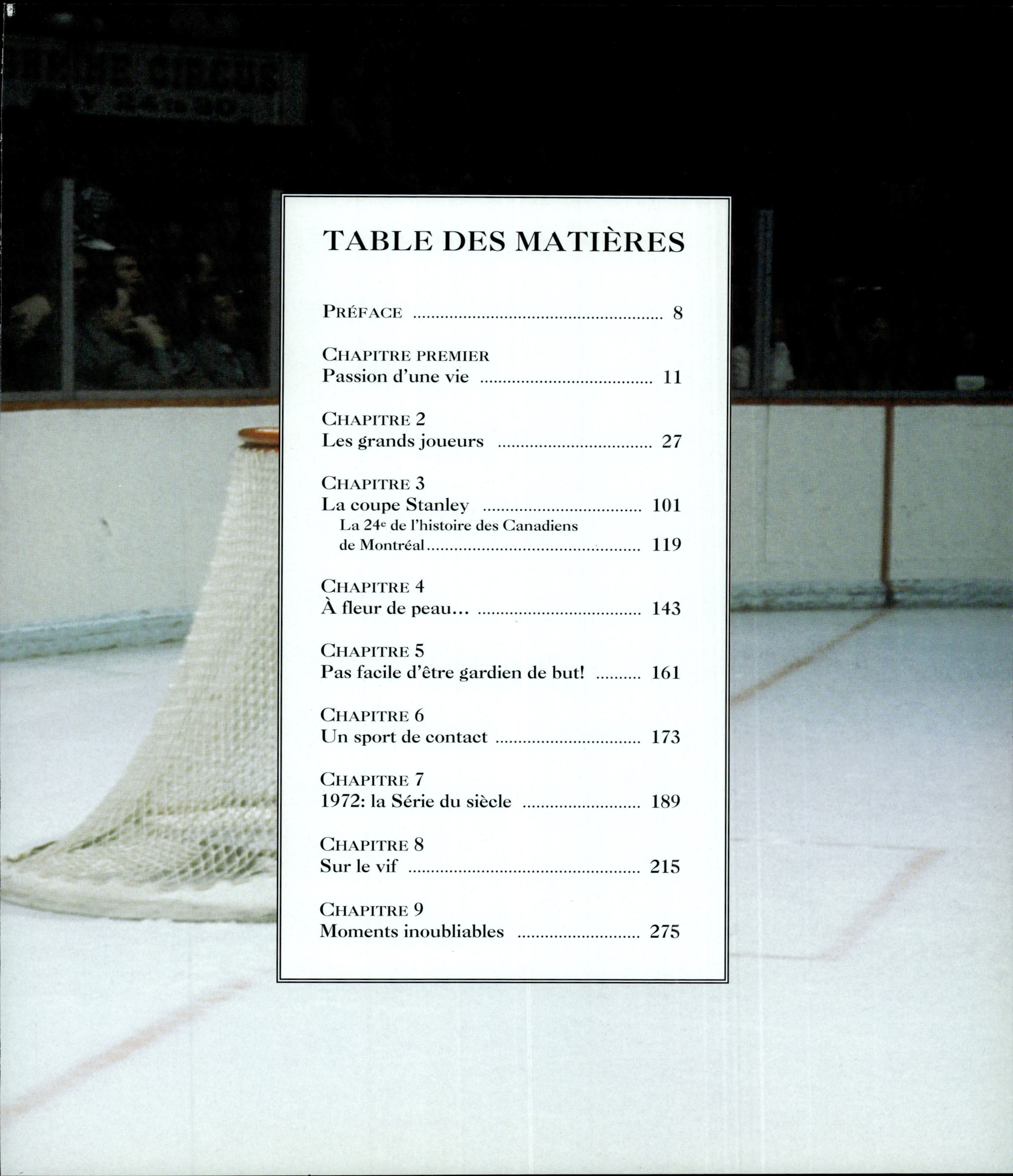

TABLE DES MATIÈRES

Ce livre a été produit grâce au système ***d'imagerie au laser*** des Éditions de l'Homme, lequel comprend :

- l'ordinateur *Macintosh Quadra 950*® avec écran couleurs Raste-Ops®;
- les produits KODAK Photo CD md ;
- le système KODAK PCS 100®;
- le système de gestion et d'impression des photos avec le logiciel *Color Central*® de Compumation® inc. ;
- le scanner ARCUS de AGFA®;
- le processeur d'images RIP 40 XMO combiné avec la nouvelle technologie *Lino Dot*® et *Lino Pipeline*®de *Linotype-Hell*®.

Lithographié sur papier San Remo 200 M
et achevé d'imprimer au Canada
sur les presses de l'imprimerie INTERGLOBE Inc.